보이지 않는 것을 보는 힘

보이지 않는 것을 보는 힘

초판 1쇄 인쇄 2020년 9월 25일
초판 1쇄 발행 2020년 10월 2일

지은이 정광남

발행인 백유미 조영석
발행처 (주)라온아시아
주소 서울특별시 서초구 효령로 34길 4, 프린스효령빌딩 5F

등록 2016년 7월 5일 제 2016-000141호
전화 070-7600-8230 **팩스** 070-4754-2473

값 13,800원
ISBN 979-11-90820-78-3 (03190)

※ 라온북은 (주)라온아시아의 퍼스널 브랜드입니다.

※ 잘못된 책은 구입하신 서점에서 바꾸어 드립니다.

. 라온북은 독자 여러분의 소중한 원고를 기다리고 있습니다. (raonbook@raonasia.co.kr)

보이지 않는 것을
보는 힘

정광남 지음

RAON
BOOK

| 프롤로그 | 사소하고 평범한 하루하루를 다르게 바라보는 힘

이 책의 출발은 몇 년간 틈틈이 적어놓은 메모들이었습니다. SNS에 올렸던 글들과 그때그때 찍어서 보관해온 사진들에 살을 붙여 정리한 자료들입니다. 대부분 흔한 일상들의 기록입니다. 있는 그대로 담아낸 내용도 있고, 새로운 시선으로 바꿔본 글도 있습니다. 특히 오며 가며 툭툭 찍은 사진들은 광고 일을 넘어 삶에서도 많은 영감을 주곤 했습니다. 어쨌든 광고가 직업이라서 조금 더 다르게 봐야지 하며 정리했던 기억이 납니다.

100세 시대, AI, 빅 데이터, 로봇과 4차 산업혁명 시대를 마주하는 요즘, 보이지 않는 것을 본다는 건 뭘까요. 누구나 보지만 쉽게 지나쳐버리는 삶, 관계, 시간, 노력, 휴식, 인내, 열정, 행복, 동행의 가치들. 광고인의 입장에서는 자신만의 관점과 자신만의 생각을 발견하고 제안하는 중요한 경쟁력이 될 것이고, 반복되는 하루를 살아가는 사람들에겐 흥미로운 생활의 재발견이 될 겁니다.

영화《셜록 홈즈》의 대사처럼 가장 사소한 단서는 때때로 우리 일상의 가장 중요한 증거가 되곤 합니다. 사소한 실수로 일을 그르친 적 있으신가요? 일을 하면서 종종 어이없는 실수 때문에 좌절과 쓴맛을 보곤 합니다. 이런 경우 우리는 '일 안 되는 거 한순간이다'라는 표현을 자주 씁니다. 몇 년 전 그날도 쓴맛을 단맛 나는 음료로 달래기 위해 편의점엘 갔었습니다. 음료를 마시다 우연히 유리창에 걸린 작은 메모 하나를 발견했습니다.

'일 되는 거 한순간이다.'

누런 쪽지에 연필로 꾹꾹 눌러 쓴 한 줄. 달달한 음료 한 모금 이상의 잔잔한 위로가 되었던 기억. 누군가는 그 시시한 메모를 보았을 것이고, 누군가는 그냥 지나쳤을 겁니다.

사소하지만 그냥 지나치지 않고 들여다보는 힘에 대한 저만의 경험과 노하우를 이야기하려고 합니다. 가볍게 장난도 해보고, 때론 깊이 생각해보고, 살짝 비틀어도 보고, 엉뚱한 비유도 해보고,

남의 관점을 응용해보는 과정에서 발견된 저 자신만의 관점. 그동안 치열하게 작업한 광고 제작 현장 이야기보다는 광고를 업으로 사는 평범한 생활인으로서 일상을 어떻게 바라보고, 어떤 가치를 떠올리는지에 대해 공유하고 싶었습니다.

우연히 발견한 엄마의 김치냉장고, 환하게 웃어주던 출근길 꼬마, 단골 카페의 모닝커피, 괜히 울컥했던 친구의 안부 문자, 문득 발견한 아버지의 뒷모습, 기다리던 승진보, 응원하던 팀의 아쉬운 패배, 혼자 걷던 동네 산책길, 간만의 짧은 주말여행……. 길게 보면 우리는 거창한 목표를 향해 있지만 하루하루는 사소한 일들의 연속입니다. 보는 힘은 이런 작고 평범한 것들로부터 자랍니다.

저는 타고난 광고 크리에이터가 아닙니다. 아이디어 발상에 서투르고 방법을 몰라서 더 노력했고, 큰 거 한 방보다 매년 꾸준한 롱런 선수가 되기 위해 묵묵히 버텨왔습니다. 두서없이 흩어져 있던 저의 여러 관점들과 경험들을 멋진 책으로 구현해준 성수동 포토그래퍼 안형준 실장과 조카 엄산이, 라온북 이연선 실장님과 스태프 분들에게 감사를 전합니다. 감성과 거리가 멀어져 있는 일상에 작은 자극이 되기를 기원합니다.

2020년

정광남

1장 출발을 알리는 맑은 신호

2장 열정과 긍정의 인생 에너지

3장 쿨하고 개성 있는 일상

4장 삶은 아이디어 센터

5장 휴식으로 위로받는 시간

YELLOW

1

출발을 알리는 맑은 신호

나가는 곳 말고
나 가는 곳

3번 출구로 7번 출구로
나가는 곳은 모두가 따라가는 곳
정해진 길로만 가는 곳
내가 가는 곳은
아무도 출구를 정해주지 않아
알 수 없어서 두렵지만 그래서 더 흥미진진한 길
이 출구가 아니면 저 출구로 가볼까?

어차피 나 가는 곳은 지도에는 없는 곳
모두가 따라가는 노선도에는 없는 곳
내가 만든 표지판을 매달아봐
아무에게도 휩쓸리지 않는 My Way Out

①②③④⑤⑥
⑦⑧번 출입구
나가는 곳
Way Out
出 口

틀에 갇히자

아침 6시.

핸드폰 알람이 울리고, 이어 5분 뒤 자명종 시계의 알람 소리가 울립니다. 머리는 일어나야지라고 하지만 몸은 여전히 침대에 누워 있습니다. 어떨 땐 양치하고 다시 눕기도 합니다. 저의 아침 풍경입니다. 늦은 밤까지 영상을 보거나 책을 읽는 습관을 버리고 일찍 자려고 눕지만 제겐 금연만큼이나 쉽지 않은 도전입니다. 여전히 노력 중이지만 익숙함에서 벗어나는 것은 쉽지 않습니다.

최근 우연히 유튜브를 검색하다가 발레리나 김주원 씨의 인터뷰 영상을 보았는데 그녀만의 독특한 관점이 기억에 남습니다. 현대카드 라이브러리 인스피레이션 토크 시리즈 중 하나였는데, 인터뷰 내용 중 영감의 원천을 정의하는 부분이 좀 의외였어요. 한마디로 틀에 갇히자는 것. 한 치의 오차도 없이 몸으로 표현해내기 위해 공식처럼 몸이 움직여야 하고 반복되는 일상을 살 수밖에 없는 그녀만의 틀. 그녀는 그 틀 안에 꾸준히 자신을 남겨두려는 노력을 한다고 얘기합니다.

처음엔 고개를 갸우뚱하다가 인터뷰 끝에 가서 고개를 끄덕이게 되더군요. 관객에게 더 큰 감동을 주기 위해 틀을 벗어나지 않고 스스로가 더 깊이 있는 틀이 되는 것. 이것이 영감의 원천이라는 인터뷰였습니다.

틀을 깨라. 틀을 벗어나라. 학교를 다니면서 또 일을 하면서 수도 없이 듣는 얘기입니다. 광고인의 10계명이 있다면 이 말이 첫 번째 지침일지도 모르겠습니다. 보이는 것을 그대로 보지 말고 상황을 새롭게 보고 지금의 생각에서 벗어나라는 거부할 수 없는 규칙인 셈입니다. 그런데 틀을 깨기가 과연 쉬울까요? 매일 일어나는 시간이라는 틀, 자주 먹는 식사 메뉴의 틀, 자주 가는 호프집이라는 틀, 자주 입는 옷이라는 틀. 우리 일상은 자신도 모르게 굳어져버린 여러 틀들의 집합체입니다. 오랜 시간 단단하게 만들어진 틀에서 벗어나 새로운 틀을 만들기란 쉽지 않습니다.

그렇다면 틀 속에 갇혀야 하나?

발레리나의 인터뷰 영상을 보며 공감되는 부분이 많았습니다. 말하자면, 각자의 틀을 존중하자 그리고 자신의 틀에 집중하자입니다.

그러고 보니 저는 광고라는 틀에서 벗어나본 적이 없네요. 매일 검색하는 습관, 영상을 보는 습관, 카페 가서 잡지를 보는 습관, 퇴근 후 운동하는 습관, 발등에 불이 떨어지면 몰아치기하는 습관 등 광고인으로서 저만의 루틴, 저만의 틀이 있습니다. 그런 일상의 습관들이 모이고 습관이 작동해 지금의 나를 만들었을 겁니다. 저 또한 반복적이고 매우 평범해 보이는 하루하루를 보내고 있습니다. 뻔해 보이는 생활 속에서 과연 틀을 깨는 아이디어가 나올까 싶지만 발레리나의 인터뷰 내용처럼 저만의 틀 역시 시간이 지날수록 깊어지고 견고해져왔습니다.

요즘 매일 아침 6시에 일어나는 틀을 새롭게 만들려고 합니다. 계속 자명종을 누를 것이고 다시 눕기를 반복할 겁니다. 네, 반복은 지겨워 보입니다. 새롭지 않아 보입니다. 얼핏 평범해 보이는 틀 같습니다. 하지만 틀을 깨는 발상, 틀을 깨는 아이디어를 끄집어내는 사람들은 자신의 영역이 단단한 사람들입니다. 견고한 틀을 가진 사람들이죠. 틀은 루틴이고 습관입니다. 사소한 일이든 중요한 일이든 자신만의 틀을 만들고 그 틀에 집중하고 경쟁력 있는 영역으로 만드시길 바랍니다.

난 아직 일러스트

올해 목표를 포기하기엔 아직 일러

넘어졌다고 실망하기엔 아직 일러

해냈다고 기쁨만 누리기엔 아직 일러

내 모든 걸 보여주기에 아직 일러

손잡으면 됐지 워~ 워~ 그다음은 아직 일러

체중이 좀 줄었다고 안심? 아직 일러

달라진 내 모습에 놀라긴 아직 일러

더 많은 내공과 과정이 쌓여야 해

더 나은 나의 시즌 2를 위해

나이 키?

나이?

키?

몸무게?

성별?

직업?

스펙?

안 되면 어떡하지?

다른 사람과 비교되네

너무 늦었어

창피해

그게 무슨 상관이야?

될 때까지 해보자

주저하는 나 자신을 먼저 이겨야 해

저스트 두 잇!

하자 많은 나

언젠가 할 거야

하고 싶어

대신

지금 당장 하자로 바꿔봐

시작하자

구경하자

선물하자

양보하자

방문하자

놀러가자

친구하자

발표하자

공개하자

나의 하자가 많을수록 이루어짐도 많아져

자신에게 친구에게

렛츠 두 잇!

아이디어의 스승

아이디어에 스승이 어디 있냐고 할지 모르겠습니다. 널린 게 아이디어고, 누구나 말할 수 있고, 찾을 수 있는 게 아이디어인데 굳이 스승까지? 저는 첫 직업이 카피라이터가 아니었습니다. 광고 일과는 관련이 조금도 없는 금융 일을 했었습니다. 문학을 전공한 사람에게 금융 일은 매일 쉽지 않은 도전이었습니다. 그러던 중, 인생이 바뀌는 순간을 경험합니다. 카피라이터를 먼저 시작한 친구를 우연히 목격한 순간이었습니다. 정장 차림에 서류가방을 든 저와는 달리 청바지에 운동화를 신은 모습이라니. 세상에 저런 일도 있구나 하는 놀라움과 부러움이 교차하는 순간이었습니다. 이후 다니던 회사를 그만두고 광고회사에 다시 공채 지원을 했습니다. 카피라이터로서 첫발을 내딛게 되었죠. 삶을 바꾼 첫 아이디어의 스승은 바로 제 친구였던 셈입니다.

신입 사원 시절은 누구에게나 초보 운전입니다. 모든 게 두렵고 서툴고 조심스럽죠. 카피 자질이 없네, 자료도 못 찾네, 회의하는 데 꿀 먹은 벙어리네. 금융 일과는 또 다른 도전들을 매일 맞닥뜨리게 됩니다. 그래서 선배의 발상, 선배의 카피, 선배의 회의하는 방법, 선배의 말투 등 잘나가는 선배를 멘토로 정하고 일거수일투족 코스프레하기도 했습니다. 며칠 밤새워 고민해도 나오지 않던 카피들을 다가와서 툭툭 던지고 가는 선배를 볼 땐 역시 고수구나, 라는 감탄도 했었죠.

우리 일상을 둘러보면 도처에 고수가 있고 스승이 있습니다. 나이가 많든 적든 모두가 내게는 선배이고 어드바이저입니다. 카피는커녕 광고 경험도 없던 제겐 아이디어를 내는 과정은 늘 고통이었죠. 어디서부터 출발해야 할지, 이 아이디어면 될까? 문제를 해결하는 아이디어인가? 등 정말 맨땅에 헤딩이었습니다. 그럴 땐 이미 진행한 다른 프로젝트의 기획서를 훑어보곤 합니다. 당장 해결할 프로젝트와 전혀 다른 기획서를 보다 보면 어떤 문제점에서 풀어가고 어떻게 해결해가는지 또 해결의 아이디어는 얼마나 유니크한지 한눈에 알 수 있는 훌륭한 길잡이 역할을 해줍니다. 성공한 기획서든 실패한 기획서든 도무지 어디서 출발해야 할지 모르는 사람에겐 스승인 셈이죠.

이 외에도 전혀 상관이 없는 사람들에게 은근슬쩍 의견을 들어보기도 합니다. 같은 업계의 사람들도 좋고, 지인들, 가족들에게 지나가는 말처럼 던져봅니다. 이런 제품을 어떻게 생각하느냐, 이런 아이디어는 어떠냐 등 그야말로 사소한 의견을 귀담아 듣습니다. 그런 의견 중에서 괜찮은 단어를 발견하기도 하고, 해결의 실마리를 얻기도 했습니다.

아이디어는 생각해내는 것이 아니라 건져 올린다는 말이 있습니다. 나는 진지하게 고민하지만 정작 다른 사람의 눈에는 평범하고 싱겁기까지 합니다. 뭐 그리 어렵게 생각해? 이런 거 아냐? 어깨에 힘이 들어가면 몸을 움직이기 불편하듯, 발상도 어깨에 힘이 들어가면 누가 봐도 경직되어 보입니다. 꼭 기가 막힌 아이디어를 찾고 말겠어, 밤새워서 고민하면 대단한 게 나오겠지…… 그럴수록 가벼운 커피 한 잔으로 어깨의 힘을 빼줘야 합니다. 머릿속엔 늘 과제를 넣고 다니지만 겉으론 여유 있고 느긋한 척해야 합니다. 그래야 어쩌다 마주친 풍경에서 어쩌다 나눈 대화 속에서 어쩌다 들은 노래 가사에서 '영감'님을 만나게 되니까요.

스승의 날들은 우연히 마주친 날들입니다. 어떤 아이디어는 인생을 바꾸기도 하고 프로젝트 해결의 시작이 되기도 하고 자신을 드러내는 계기가 됩니다. 시시한 아이디어는 없었습니다. 힘을 빼면 도처에서 아이디어의 스승들을 만날 수 있습니다.

분리수고하세요

깨진 유리 같은 관계

더러운 이물질이 묻은 기억

일회용으로 버려진 아까운 시간

유통기한이 지난 사랑

재활용 욕심은 버리시고

수고스럽더라도 꼭 분리수고하세요

다음 네 가지 원칙을 지킬 것

1. 비운다
2. 헹군다
3. 분리한다
4. 섞지 않는다

올해 다이어리는 다이루어리

커피로 얻어낸 스타벅스 다이어리

거래처에서 받은 무뚝뚝한 다이어리

졸업 선물로 받은 희망찬 다이어리

문구점에서 산 깜찍한 다이어리

비싸게 주고 산 명품 다이어리

매년 리필해서 써온 때 묻은 다이어리

간편하게 트렌디하게 스마트폰 다이어리

맨 먼저 표시한 내 생일날

꾸준히 다이어트 체크

연휴 낀 휴가 기간에 밑줄 쫙

자격증 시험 날

면접 보는 날

금연 시작하는 날

한 달에 한 번 봉사활동 가기

하루하루 들여다보고 밑줄 쫙 하다 보면

다 이루어질 거야

채우자 나의 해피 뉴 다이루어리

제야의 작심삼일 종소리

다이어트해야지

영어 공부해야지

아침형으로 살아야지

금연해야지

술 줄여야지

자격증 따야지

연애해야지

저축해야지

책 읽어야지

여행가야지

제야의 종소리는

작심삼일의 첫날을 알리는 소리

실천도 어렵고

사흘을 넘기기 힘들어도

다짐은 좋은 일

삼 일에 한 번이라도 좋으니

종소리 울려라

나태함을 깨우는

시작의 알람 소리

너도 나도 인사 담당자

인사 담당자가 면접에서 이런 질문 던진다면!
'자신의 장점이 뭔가요?'

"제 장점은 인사 잘하기입니다
누구보다 먼저 좋은 아침입니다
누구보다 밝게 좋은 하루 되세요
누구보다 환하게 내일 뵙겠습니다
따뜻하게 활기차게 자신 있게
인사 담당은 제가 맡겠습니다"

영어도 아니고 문서 작성도 아니고
운동 실력도 아닌 인사 잘하기라니
회사 생활이 유난히 적극적인 분이라면
아마 모두 인사 담당일 확률이 높아요

나 편한 '대로'

주중은 강남대로
주말은 올림픽대로
집에 오면 하던 대로
티비는 보던 대로
야식은 먹던 대로

주던 대로 가던 대로 입던 대로!

익숙함이 달리는 대로가 아닌
가끔은 낯섦이 이끄는 대로를 달리자
새롭게 끌리는 대로
도전이 부르는 대로
의외로 즐거운 질주가 시작될 테니까

정렬은 정열의 시작

모두 대화에 집중하는데
나는 옆길로 새고

운동한 지가 언제인지
기억도 안 나는 일상

나쁜 습관도 쌓이는지
틀어진 거북목

몸만 쏙 빠져나와
늘 흐트러져 있는 침대

두서없이 잡다하게 쌓여 있는
정신없는 책상

열정이 없다는 건

내 몸과 내 마음의 정렬이 틀어져 있기 때문이야

좌우로 정렬 앞뒤로 정렬

말씨와 글씨를 뿌려주세요

안 돼 안 돼 안 돼 자꾸 뿌리다 보면 안 되고
못해 못해 못해 자꾸 뿌리다 보면 못한다

말은 씨가 되고
글도 씨가 된다

마음속에
대화 속에
노트 위에
책상 메모지 위에
꾸준히 뿌려봐
될 거야 될 거야 될 거야
해낼 거야 해낼 거야 해낼 거야

어느 순간 쑥쑥 자라 있을 테니까

다른 사람보다 닳은 사람

보이진 않지만 우리는 조금씩 닳아가

소매가 살짝 닳은 외투
모서리가 닳은 책가방
천이 닳은 작은 소파
끈이 닳은 운동화
닳아가는 노트북 배터리
닳아서 안 써지는 볼펜
닳아지도록 신던 슬리퍼
닳고 닳은 싱거운 농담

세상에 닳지 않은 게 있을까?
닳아간다는 건 나답게 살아가는 것
자신에게 솔직하다는 것

다른 사람이 아닌

닮은 나로 살아

그게 진짜 내 모습이니까

스타게티의 추억

말에도 맛이 있다는 사실 아세요?

같은 말이라도 듣기 좋은 말, 같은 단어라도 기억하기 쉬운 단어, 말맛이 있다는 것은 말을 잘 다룬다는 뜻이기도 합니다. 요즘은 영어, 국어, 한자 등 모르는 단어나 찾고 싶은 단어를 쉽게 검색할 수 있지만, 신입 시절 카피라이터들 책상 위엔 늘 두꺼운 국어사전과 영어사전이 있었습니다. 다양한 단어를 구사할 수 있어야 하고, 정확한 맞춤법과 띄어쓰기는 카피라이터의 기본 중의 기본이었으니까요.

스파게티 전문점 오픈을 알리는 지면광고를 제작할 때의 일입니다. 최종 출고 전 맞춤법과 띄어쓰기 체크를 수십 번 했습니다. 그도 그럴 것이 카피라이터로서 저의 첫 신문광고 제작이었으니까요. 작은 사이즈의 지면광고라 카피의 양도 많지 않았습니다. 최종 오타 확인을 하고 출고를 마쳤습니다.

며칠 뒤 기획팀으로부터 전화가 왔습니다. 반응이 좋았나? 반전이 기다리고 있었습니다. '스파게티'가 '스타게티'로 잘못 나갔는데, 오타 확인 안 했냐는 질타였습니다. 쥐구멍에라도 숨고 싶은 심정. 급히 수정해서 다시 출고했지만, 너무 쉬운 단어라 나도 모르게 간과했던 겁니다. 그때 선배가 던진 한마디가 지금도 기억에 납니다.

"카피는 못 써도 되지만 오타는 절대 안 된다."

지금도 카피를 쓰고 가장 먼저 하는 일은 맞춤법과 오타 확인입니다. 그런데 예전 오타의 기억을 비웃기라도 하듯, 요즘은 한글 파괴 광고가 트렌드입니다. 멍멍이를 댕댕이로 변환해서 쓰고 비빔면을 네넴띤으로 바꿔 소비자들의 폭발적인 반응을 끌어내기도 했습니다. 쓱이라는 슬로건 아실 겁니다. 알파벳을 그대로 읽어서 큰 성공을 거둔 것처럼 최근 유통과 식품업계를 중심으로 기발한 신조어 마케팅이 인기를 끌고 있습니다.

뿐만 아니라 언어유희 광고도 뜨겁습니다. 편의점에 갔다가 컵라면 패키지를 보고 피식 웃었던 기억이 납니다. 편의점 PB 상품과 모 증권사가 콜라보한 제품이었는데, '~라면'이라는 짧은 단어의 중의적인 뜻을 활용한 재치 있는 컵라면 패키지 광고였습니다. 뭔가 말장난 같으면서도 재미있어서 계속 기억나게 만들더군요.

제품의 네이밍에 재미를 느껴 브랜드 인지도와 호감도를 높이는 틈새 전략입니다. 이제 편의점 컵라면도 재미있는 광고 플랫폼이 되는 시대인가 봅니다.

7초, 6초 등 호흡이 매우 짧은 광고가 늘고 있습니다. 콘텐츠가 하루가 다르게 쏟아지는 요즘, 소비자의 시선과 관심을 끌기 위한 마케팅은 갈수록 정교해지고 있습니다. 그만큼 소비자들의 눈과 귀를 잡기가 어려워지고 있다는 얘기입니다. 매 순간 스마트폰에 열중하고 중간 광고가 나오면 채널을 돌리기도 합니다. 그래서 일까요. 광고에서 말의 새로운 조합, 단어의 시각적 재해석은 젊은 소비자들에게는 즐거운 놀이처럼 보입니다.

이제 손때 묻은 사전들은 사라졌고, 정성스레 펼쳐보며 밑줄 쳤던 기억도 희미합니다. 사전이 화면 속으로 들어갔지만, 꼭꼭 숨어 있는 단어와 단어를 찾아 카피를 만드는 즐거움은 여전합니다. 이질적인 단어와 식상한 단어를 더해보고 엉뚱한 단어를 섞어보세요. 전혀 예측하지 못한 개념들이 태어납니다. 이제 오타를 낸 후배가 있다면 이런 조언을 해줘야 할 것 같습니다.

"오타는 계획된 거니? 최대한 엉뚱하게 또 재미있게 써봐."

슬럼프는 술럼프

계획이 점점 잊혀져갈 때
작은 일에도 의욕이 생기지 않을 때
번아웃으로 몸이 천근만근일 때
슬그머니 슬럼프는 찾아와요

자신감도 자존감도 떨어지면서
매일매일 한 잔의 유혹도 슬그머니 찾아와요
슬럼프는 술럼프가 돼요

누구에게나 찾아오는
슬럼프는 고속도로 휴게소라고 생각해봐요
쉼 없이 달리지만 말고
기름도 보충하고
스트레칭도 하고

군것질도 하고
네비도 다시 체크하라는 신호예요

휴게소를 벗어나는 순간
다시 씽씽 달리면 돼요

명절의 반전

결혼은 언제 할 거니
취직은 하긴 하는 거냐
다이어트 좀 해야겠네
연봉은 안 오르니

이런 거 묻지도 말고
따지지도 맙시다
올해 명절에도
내 인생의 반전 뉴스는 없으니

전 그냥
지글지글 바삭바삭
전이나 부칠게요
앗 뜨거

Mom 맘이야

아침 먹을지 말지 내 맘이야

공부도 내 맘

옷 입는 것도 내 맘

친구 만나는 것도 내 맘

알바하는 것도 내 맘

취업할지 말지 내 맘

집에 들어가는 시간도 내 맘이야

근데

일주일에 하루쯤은

내 눈치 보느라 힘든 엄마에게

'엄마 맘이야'라고 얘기해드리면 어때?

♬ ♪ 맘 맘이야 HERE I GO AGAIN~

실패부터 성공하세요

우리는 늘 경쟁 속에서 살아갑니다. 지하철 자리를 차지하기 위해 문이 열리자마자 뛰어 들어가고 점심시간 맛집 줄서기가 싫어서 서둘러 나서기도 합니다. 중요한 프로젝트를 위해 밤을 새고 팀의 승리를 위해 더 뛰려고 합니다. 모두 남보다 더 앞서기 위해 하는 본능적인 행동입니다. 우리 삶은 크고 작은 좌절과 성공으로 뒤범벅이 되어 있습니다.

승률이라고 들어보셨나요? 승부를 겨루는 경기에서 이긴 비율을 말합니다. 프로야구에서 우승하는 팀은 승률이 보통 6할이 조금 넘는다고 합니다. 열 번 경기해서 여섯 번을 이긴다는 거죠. 네 번은 지는 겁니다. 저 역시 광고 경쟁 프레젠테이션을 수없이 해왔습니다. 어느 해는 6할을 넘길 때도 있었고, 어느 해는 단 한 번의 승리도 없었습니다. 돌이켜보면, 짜릿하게 이겼던 순간보다 아쉽게 떨어졌던 순간이 더 기억이 납니다. 이렇게 했으면 이겼을 텐데, 다른 아이디어를 가져갔어야 했는데, 하고 리뷰도 하고 반성도 많이 합니다.

왜 프레젠테이션에서 떨어졌을까? 왜 그 전략이 통하지 않았을까? 수많은 기획서를 모아둔 저의 외장하드엔 두 개의 폴더가 있습니다. 하나는 승리한 기획서 폴더, 다른 하나는 실패한 기획서 폴더. 두 기획서를 비교해가며 읽다 보면 차이가 분명히 드러납니다. 실패한 기획서들은 하나같이 비슷한 실패 요인을 갖고 있습니다. 아 이래서 떨어진 거구나, 이 포인트에서 이렇게 했더라면 식의 분석을 얻게 됩니다.

실패가 실패로 묻혀버리면 그 실수는 또 이어지게 됩니다. 한국을 대표하는 세계적인 골퍼 최경주 프로가 자신의 아이에게 야단치는 딱 하나가 있다고 합니다. 바로 실패에 대한 복습.

"실수가 났는데 그 실수에 대해 연습하지 않으면 다음에 왜 그렇게 되었는지 모르는 거다. 왜 복습을 안 하느냐. 미스가 되었을 때 왜 미스했는지 알아야 반복하지 않는다."

실패의 원인을 알고 제대로 대비하라는 이야기죠. 실패를 대하는 그의 태도가 오늘의 그를 만들지 않았을까요?

실패부터 성공해야 합니다. 실패면 실패지 왜 그걸 성공해야 할까요? 작은 사업부터 투자 그리고 중요한 결정까지 모든 경쟁에서

6할을 기대하긴 어렵습니다. 결국 수많은 실패가 쌓여 성공 하나를 만든다고 생각합니다. 가까운 예로 요즘 금연하려는 사람들이 점점 늘고 있습니다. 이번엔 꼭 끊어야지 해보지만 하루 만에, 3일 만에, 또는 몇 개월 만에 금연 실패. 실패는 당연합니다. 계속 실패하다 보면 같은 실수가 줄어들고, 다른 요령이 생기기 마련입니다. 저 역시 수많은 실패 끝에 금연에 성공한 경우입니다. 그래서 실패부터 제대로 성공해봐야 합니다.

아이디어도 마찬가지입니다. 처음엔 '이게 맞나?', '그러면 그렇지 내 아이디어는 채택이 안 되는구나' 하는 좌절의 과정이 존재합니다. 남들과 자꾸 비교되고 난 소질이 없는 건가 싶기도 합니다. 포기해야 하나? 그래도 계속 찾으려고 해야 합니다. 더 들여다보고 입장을 바꿔보고 다른 사람 얘기도 들어보는 시도를 계속해야 합니다. 그 과정에서 사람들이 반응하는 아이디어는 이런 거구나 하는 기준이 생깁니다. 자신만의 가이드라인을 발견하게 됩니다. 세상을 놀라게 할 그 '한 방'은 수많은 실패들이 쌓여서 나옵니다. 실패부터 성공하면 성공은 실패하지 않습니다.

실패가 반이다

무승 5패

무승 8패

무승 10패

이것은 나의 전적

이것은 나의 상처

그리고 이것은 나의 자산

실패하는 것이 두려워

시도조차 하지 않는 것보다

차라리 실패할 거야

실패는 한 발 더 나아갔다는 증명

더 강해진 멘탈

계속 실패할 것이다

최후의 1승이면 돼

실패하는 것부터 성공하자

시작이 반?

실패가 반이다

바람과 함께 살아지다

작품상

감독상

주연상

모두 내가 만드는 세상

아직 이루어지지 않은 바람들이 있어서

열심히 살아가게 돼

나의 바람들이 바람과 함께 사라지지 않도록

매 순간 바라고 또 바라자

내일은 내일의 태양이 떠오를 테니까

© Prayitno

Runner & Learner

목표를 향해 달리기 & 어학 배우기

전력 질주하기 & 디제잉 배우기

기록 단축하기 & 실내 암벽등반 배우기

주말에도 달리기 & 볼링 배우기

달리는 것 외엔 관심 끄기 & 요리 배우기

열심히 달리는 구간 구간에
열심히 배우는 것도 끼워 넣으세요

새해 복 많이 만드세요

복은 받는 것이 아니라 내가 만드는 것일지 몰라

내 힘으로 버는 기쁨 일복
첫 출근 기뻐 양복
너 때문에 힘이 나 인복
마음의 상처 아물어 회복
작심삼일 금연은 꼭 정복
어금니 깨물며 다이어트 운동복
뽀드득 뽀드득 멋진 눈길 소복소복
엄마 겨울 선물로 우아한 내복

도전도 내 복
극복도 내 복
행복은 내 몫

RED

열정과 긍정의 인생 에너지

2

나를 예보합니다

며칠간 반짝 까칠했던 내가
오늘 낮부터 풀릴 것 같습니다
웃음이 가끔 쏟아지겠지만
출근 전 일요일 밤부터는 다시 감정 기복이
심해질 것으로 보입니다

평소 이래라 저래라 하는 사람들과는
살얼음이 생길 가능성이 커 주의가 필요합니다
하지만 긴 연휴 기간을 앞두고 있어
당분간 쾌청한 감정이 예상됩니다
전체적으로 어제보다 1도 따뜻해요
미세웃음은 보통 수준을 유지할 걸로 예상됩니다

이상 나의 기분 주간 예보였습니다

잡지에서 잡지

서점에 가면 어느 파트 먼저 가시나요?

새로 나온 소설이나 신간 에세이, 베스트셀러 매대? 아니면 발길 닿는 대로? 저는 맨 먼저 잡지 매대로 갑니다. 매달 구입하는 잡지를 체크하고 다양한 카테고리의 잡지도 엿보기 위해서입니다. 사진 잡지, 여행 잡지, 자동차 잡지, 운동 잡지 등 파트별로 꼼꼼히 들여다봅니다.

이런 잡지 사랑은 서점 방문 때만이 아닙니다. 누군가를 기다리거나 혼자서 커피를 마시러 카페에 갈 때도 늘 확인하는 한 가지가 있습니다. 바로 잡지 책꽂이입니다. 잡지들이 꽂혀 있는 작은 나무 책꽂이. 책꽂이 없는 카페가 더 많지만 자주 가는 카페엔 주로 여행 잡지와 패션 잡지 등 월간 잡지들이 꽂혀 있습니다. 확인할 내용이 있어서도 아니고 심심해서 읽는 것도 아닙니다. 홀로 커피를 마시는 시간 동안 혹은 사람을 기다리는 시간 동안 뭔가 '건져내기' 위해서입니다.

표지부터 훑어봅니다. 작은 소제목들과 표지 모델을 본 후 넘겨서 내지 광고를 봅니다. 대체로 잘 알려진 브랜드의 광고가 보이죠. 카피와 비주얼도 봅니다. 이후는 스피디하게 넘기면서 훑어봅니다. 짤막한 글의 제목들, 긴 글의 인터뷰 내용, 질문들, 패션 소품들을 설명하는 감각적인 문구들. 광고 카피와는 다른 발상과 생동감 있는 언어들이 저를 향해 제발 건져내달라고 어필하는 것 같습니다. 펜으로 적기도 하고 긴 글은 핸드폰으로 찍기도 합니다. 낚시가 취미는 아니지만 자극이 오는 글과 사진을 하나씩 건져 올리는 재미가 쏠쏠합니다. 실제 낚시의 손맛이 이런 건지는 모르겠습니다.

잡지에 관한 기억에 남는 글이 있습니다. 노벨문학상 수상자이자 평론가 아나톨 프랑스의 말입니다.

"만약 내가 죽은 지 100년 후에 출판될 책을 고르라 한다면 소설도 역사서도 아닌 패션 잡지 한 권을 고를 것이다. 그 안에 미래 인류와 사회의 모습이 다 담겨 있기 때문이다."

잡지는 흘러갑니다.

흘러가기 때문에 매력이 있는 매체입니다. 한 달 전의 주제들은 그저 한 달이 지난 글일 뿐입니다. 어제의 패션은 내일의 패션이 아닙니다. 어제의 트렌드는 내일의 트렌드와 자리를 바꿉니다.

잡지는 어제를 잡지 않습니다.

서점에서는 무작위로 잡지를 훑어보고 꽂히는 잡지는 별도로 연간 구독을 해서 배달을 받습니다. 요즘 구독하는 잡지는 《디지털 인사이트》라는 잡지입니다. 매월 새로운 디지털 콘텐츠와 다양한 디지털 플랫폼 정보를 한눈에 알 수 있어서 꼼꼼히 읽어봅니다. 두 번째는 《골프 다이제스트》. 메이저 골프 브랜드의 크리에이티브 에이전시 역할을 수년간 맡고 있어서 업무에 꼭 필요한 잡지입니다. 세 번째는 서점에 갔다가 우연히 발견한 취향 저격 잡지가 하나 있는데, 바로 영국 잡지 《브리드(Breathe)》입니다. 현대인에게 꼭 필요한 마음 돌보기, 건강한 삶, 깨어 있는 생활, 남다른 생각, 일상 탈출이라는 다섯 가지 주제를 다루고 있습니다. 매호마다 특정 분야의 전문가들이 글을 쓰고, 유명 일러스트레이터들이 그림을 더합니다. 잡지라기보다는 한 권의 책으로 다가옵니다. 그래서인지 한 번에 빠르게 페이지를 넘기지 않습니다. 입에 넣어 꼭꼭 씹어서 읽는 느낌이랄까. 뭔가 건져내야 한다는 의무감마저도 스르르 사라지고 맙니다.

매거진은 이렇게 업무에 필요한 단어와 비주얼을 만나게 해주고 흐트러진 마음을 다잡아줍니다. 광고 일의 대부분은 이미지와 비주얼 보는 것이라 해도 과언이 아닙니다. 철이 지난 아이디어는 새로워 보이지 않듯 광고는 항상 당장 지금의 뜨거운 이슈에 집중합니다. 잡지의 속성과 닮았죠. 잡지는 제게 마치 영양제이면서 한 권의 명상 같은 존재입니다. 마음에 드는 잡지를 슬쩍 잡아보세요. 예상하지 못했던 즐거움들이 잡힐 테니까요.

지금 어디로 감?

타고난 재능
탁월한 끼
천부적인 소질
남들 감은 잘 팔리는데
나는 감감무소식

조금 느리게 열리면 어때?
감나무는 비와 바람을 맞아야
더 단단해지잖아

자신감
성취감
자존감
책임감

긴장감

재목감

박진감

생각지도 못한 감들이 주렁주렁

어디로 갈지 궁금하면

감나무를 키워보자

자기야소개서

열정 도전 추진력
모두 좋은 말인데 그래서 너무 흔해

진짜 내가 아닌 사회가 원하는 나로
포장되어 있지는 않은지
단점이 더 많고 장점은 몇 없어도
다정하게 불러주는 자기야처럼

고마워
용서해
노력할게
나 스스로에게 따뜻하게
지금의 나에게 떳떳하도록
나의 소개는 나답도록

은은하면 금이 안 돼요

유치하게 금을 긋고
느닷없이 금이 가고
자랑하며 금을 칠하고
애지중지 금을 모으고
속전속결 금방 사랑에 빠지고

보일 듯 말 듯 약지에 낀 은반지처럼
닿을 듯 말 듯 밤하늘 은하수처럼
알 듯 모를 듯 우리끼리만 아는 은어처럼

은은하게 은근하게 살면 좋을 텐데
흔하디흔한 불금 같은 날이면 좋을 텐데

지친 얼굴엔 제주의 얼귤

요즘 얼굴

힘들어 보여요
외로워 보여요
차가워 보여요
무뚝뚝해 보여요
화나 보여요
피곤해 보여요
오늘 따라

집에 돌아오는 길
이천 원 삼천 원
까만 봉지에 가득
갓 올라온 제주의 얼귤

출출한 겨울밤

입안 가득 터지는 새콤달콤한 에너지

오늘 따라 환해 보이는 내 얼굴

제주의 얼굴 네 덕이야

엄마의 '다른 이름으로 저장하기'

'올해는 배추가 실하네'

'아 참, 깍두기도 떨어졌지'

'힘내려면 역시 고기지'

'곶감 참 예쁘게 익었다'

'우리 딸 사과 좋아하는데'

<u>딸의 이름으로 김장 김치 저장하기</u>

<u>아들의 이름으로 피자 저장하기</u>

중고 아이디어를 찾습니다

동경 하라주쿠 오모테산도 힐즈 한쪽 지하매장에 'Pass the Baton'이라는 중고매장이 있습니다. 여러 분야의 중고 물품을 사고파는 곳인데 일반적인 중고매장과 다른 점은 업사이클링 매장이란 점입니다. 누군가에 의해 사용된 흔적과 히스토리, 사연들이 함께 진열되어 있고, 개개인의 삶과 라이프스타일도 사용했던 그 한 사람만의 것이라 희소가치가 큽니다. 그래서인지 가격대도 좀 높습니다. 마치 지하의 보물창고 같은 매장이랄까요. 중고 명품 백에서부터 개인 액세서리까지 이 세상에 딱 하나밖에 없는 물건, 중고, 한정판. 누군가에게 매우 소중했던 물건을 그 바통을 이어받아 더 사랑해줄 주인을 만나게 해주는 콘셉트입니다. 창의적인 아이디어를 찾는 과정도 비슷한 과정이지 않을까 합니다.

광고 일을 처음 시작하면서 늘 참고하고 훔쳐보던 책과 사이트가 있었습니다. 외국 광고 자료와 디자인 관련 책들 그리고 세계적인 광고제에서 수상한 작품들. 어떻게 이렇게 기발한 아이디어를 냈을까 하며 부러워했고 나의 프로젝트에 어떻게 써먹을 수 있을까 하는 고민도 함께 했었습니다. 신입 사원 시절엔 매일 외국의 광고 잡지를 한 권씩 봤던 기억이 납니다. 복사해서 책상 파티션에 붙여놓기도 하고, 영상으로 모아두기도 했습니다. 배고플 때 하나씩 빼먹는 선반 위의 곶감 같은 존재. 과제를 어디서부터 시작해야 할지 모를 때 아이디어 네비게이션이 되어준 보물지도 같은 존재였습니다. 이런 자료들을 스크랩하고 오려낼수록 마음이 뿌듯해서 작은 위안이 되어주기도 했습니다.

홈쳐온 것이든 자신이 개발한 것이든 자신만의 아이디어 창고는 훌륭한 안내자 역할을 해줍니다. 나보다 뛰어난 혹은 먼저 고민한 사람들의 제작물을 훑어보는 것은 똑같은 아이디어를 쓰자는 것이 아니라 그들의 좋은 아이디어를 자꾸 보다 보면 나에게 영감이 떠오를 확률이 높아지기 때문입니다. TV에서 봤던 기억에 남는 드라마의 대사 한 줄, 노래 한 소절, 유튜브 영상 한 편, 잘 디자인된 잡지 광고 한 페이지, 인스타그램의 사진 한 컷, 어제 본 영화 한 장면 등 도처에 보물 같은 콘텐츠들이 넘칩니다. 너무 많아서 주워 담기 귀찮은 시대일지도 모르지만 당장 써먹을 게 없어도 숙성시킨다 생각하고 창고에 계속 저장해보세요.

요즘은 외장하드가 있어서 저장하기가 쉬워졌습니다. 아이디어가 막힐 때는 한 번씩 들어가서 둘러보기가 편하죠. 반복해서 열어보면 처음 저장했을 때와는 다른 관점이 느껴집니다. 어떤 자료는 식상해 보이고 어떤 자료에서는 처음엔 미처 보이지 않았던 새로운 영감들이 툭툭 튀어나옵니다. 어린아이가 걷는 건 누워서 부모가 걷는 걸 계속 보았기 때문이라고 합니다. 남의 아이디어를 자꾸 훔쳐보고 감탄하고 자극을 받아보세요. 어느새 나의 눈높이가 조금씩 올라가고 있음을 알게 됩니다.

세상의 모든 아이디어는 결과물로 나오는 순간 중고가 됩니다. 마치 신차를 사는 순간 중고가 되는 것처럼 말입니다. 잘 관리된 중고차를 찾아내면 뿌듯해지듯 좋은 중고 아이디어를 찾아낼 때 역시 희열이 있습니다. 자신이 존경하는 멘토의 생각, 삶의 태도와 지혜를 닮고 싶어 하는 이유도 마찬가지입니다.

"Get used, gently loved."

어느 헌 책에 쓰인 책 주인의 문구였는데, 멋진 표현 같아서 저도 책을 사면 저렇게 써넣어야지 했던 기억이 납니다. 헌 것은 사랑을 받은 것이고, 새 것은 사랑을 기다리는 것. 크리에이티브에 적용해도 좋겠다는 생각을 했습니다. 아이디어는 무에서 유를 만드는 작업이라기보다 누군가에게 사랑받았던 중고 아이디어로부터 힌트를 얻어 나만의 아이디어를 만드는 과정이니까요.

빅 데이트 전문가

'날 좋은데, 서울 숲 어때?'

비 오는 날은 어떤 음악을 듣는지
감기는 나았는지 약은 먹었는지
평일과 주말의 옷은 어떻게 다른지
식사 메뉴는 뭘 좋아하는지
커피는 어떤 사이즈를 선호하는지

실시간으로 대화하고 소통해서
그에게, 그녀에게 어울리는
최적의 데이트를 제안할 수 있다면
우리는 빅 데이트 전문가

베프는 즐거움

모든 행동 앞에

'베프처럼'이란 말을 놓아보기

뒷사람을 위해 문 잡아주기

엘리베이터 기다려주기

깜빡이 차 양보해주기

빈 좌석 양보해주기

머물던 자리 쓰레기 치우기

인터넷 바른 언어 쓰기

공공장소에서 떠들지 않기

베프에게 대하듯

먼저 베풀어보기

할머니는 스타일리스트

할머니 옷장을 열면 촌 냄새가 나요
기억이 흐릿한 시골의 흙냄새
돌담길 풀 냄새도 나고
명절날 생선 냄새도 나고
장독대 된장 냄새도 나요
농촌 어촌을 누빈 옷들에는
딱 떨어지고 빈틈없는 도시 냄새가 하나도 없어요
원색의 촌스러운 연분홍 컬러
촌스러운 꽃무늬 단추
형태를 알 수 없는 액세서리
할머니
촌스러운 게 요즘 유행이래요
우리 할머니는
시대를 앞선 멋쟁이 스타일리스트셨네

동기의 동기부여

입사 동기

학원 동기

학번 동기

러닝 동기

댄스 동기

금연 동기

창업 동기

때론 엎치락뒤치락 경쟁자로서

때론 넘어졌을 때 일으켜 세워주는 격려자로서

동기는 목표를 향한 고마운 동기부여자예요

그렇다고 너무 앞서거니 뒤서거니

이기는 것에만 매달릴 필요는 없어요

삶은 개인전인 것 같지만

단체전이기도 하니까요

자극 충만한 동기를 만나는 건 행운이에요

목표는 누군가와 함께 달릴 때

빨리 갈 수 있을 테니까

나의 약점을 알려드리겠습니다

SWOT 분석이라고 들어보셨나요?

Strength(강점), Weakness(약점), Opportunity(기회), Threat(위협) 요인을 분석해 최적의 전략을 뽑아내는 마케팅 기법입니다. 적을 알고 나를 알면 백전백승이라고 하죠? 자신의 강점과 약점은 무엇이고, 기회 요인과 위협 요인은 무엇인지 정확히 알아야 경쟁에서 이길 수 있다는 건 마케팅을 하지 않는 사람도 다 아는 사실입니다. 누군가가 "당신은 잘하는 게 뭐예요?"라고 물어보면 뭐라고 대답하세요? 저는 선뜻 대답을 못하는 편입니다. 한참을 생각해 봐도 딱히 없는 것 같습니다. 남보다 너무 게으르지도 않고, 눈치가 없는 것도 아니고, 일도 나름 성실히, 성격도 무난한, 자기 관리도 그럭저럭…… 뭐 하나 도드라져 보이는 게 없어 보입니다. 이런 무난한 삶이 강점이 될 수 있을까요?

반대로 약점이 뭐냐고 물어보면? 아침잠이 많고, D-Day가 닥

치면 부랴부랴, 고집이 좀 있고, 취향의 호불호가 강하고, 회를 못 먹는 것. 아마 이것 말고도 셀 수 없을 정도로 많지 싶습니다. 누군가 나의 이런 약점을 자신의 기회 요인으로 삼는다 해도 별 수 없습니다. 물론 약점은 줄어들수록 좋겠죠. 부족한 건 보완하고 극단적인 건 없애려고 노력해야 합니다. 이처럼 강점을 최대한 드러내고 약점은 최대한 숨기고 싶은 것은 인지상정입니다. 그렇다면 우리는 자신의 약점을 솔직하게 드러낼 수 있을까요?

대학을 중퇴한 38세 실업자, 요리사, 세일즈맨, 한때 농부. 마케팅에 대해 아무것도 모르고 광고 카피는 써보지도 않았던 사람. 이런 약점을 안고 입사 3년 후에 가장 유명한 카피라이터가 되었고 세계적인 광고대행사인 오길비 앤 매더의 창립자가 된 사람. 현대 광고의 아버지로 불리는 데이비드 오길비의 이야기입니다.

"나는 잠재 클라이언트에게 항상 우리의 약점을 알려줍니다. 골동품 판매인이 가구의 흠을 알려줄 때 고객과 신뢰 관계가 형성된다는 것을 기억하기 때문입니다."

자신의 약점을 찾아 인정하고 드러낸다는 것은 쉬운 일이 아닙니다. 하지만 그것은 강점에 집중한다는 자신감이기도 합니다.

큰 회사에서 일할 때의 장점은 다양한 클라이언트의 일을 해볼 수 있다는 것입니다. 식품, 자동차, 화장품, 패션, 음료, 패스트푸드 등 거의 모든 카테고리의 광고를 기획하고 제작할 수 있습니다. 입사 후 몇 년을 닥치는 대로 광고하다 보니 유독 잘하는 품목과 잘 안 풀리는 품목으로 나눠지더군요. 어떤 제품은 오리엔테이션을 듣자마자 아이디어가 나오기도 하지만, 어떤 제품은 몇 날 며칠이 가도 카피 하나 생각이 안 나는 경우도 있었습니다. 돌이켜보니 패스트푸드와 식품, 음료, 건설, 학습지 광고에 강했고, 자동차, 화장품, 패션, 기업PR 광고에 약했습니다. 마치 잘하는 운동은 하면 할수록 레벨이 올라가듯 친숙한 제품들은 쉽게 잘 풀렸습니다. 반면 고전했던 제품들의 프로젝트는 아쉽게도 참여 횟수가 점점 줄어들었습니다.

최근 자동차 디지털 영상 제작을 몇 차례 진행했는데, 솔직히 좀 걱정이 되었습니다. 과연 잘해낼 수 있을까? 잘했던 분야가 아닌데, 혹시라도 민폐가 되는 건 아닐까? 경험 많은 스태프들과 진행하면서 배우기도 하고, 두 배로 더 신경 쓰면서 꼼꼼히 진행했습니다. 그 결과는? 조회수도 폭발적이었고 판매도 잘돼서 '이제 약점 하나 줄어든 건가?' 싶은 기분도 들었습니다. 약점은 그저 허점이 아닙니다. 냉정한 자기 평가를 통해 얻는 잠재적 강점입니다. 자신의 약점이 있다면 하나씩 나열해보세요. 솔직히 인정하고 어떻게 하면 기회로 삼을지 생각해보세요. 앞으로의 반전은 거기에 숨어 있습니다.

오 마이 갓

갓 구운 생선구이

갓 내린 커피

갓 구운 토스트

갓 담근 김치

갓 만난 따끈한 사이

갓 도착한 꽃 배달

갓 배달 온 가구

갓 도착한 안부 메일

갓 들어온 월급

갓 담아준 호떡

갓 골인한 피니시 라인

갓을 붙여보면 일상의 순간순간이

놀라움과 고마움

누군가 갓 사온 붕어빵엔 따뜻함 가득
이번 주 갓 따온 프로젝트엔 기대감 가득

오 마이 갓갓갓

'뻔' 해지자

거의 발견할 뻔했는데

이번엔 성공할 뻔했어

잘 달리다가 넘어질 뻔했잖아

힘을 더 냈으면 우승할 뻔했는데

작심삼일 이번엔 극복할 뻔했지

이번 작품 히트 칠 뻔했었는데

할 뻔하다는 건 뻔하지 않은 거예요

뻔뻔하게 무언가 자꾸 시도하고 아쉬워한다는 건

목표에 점점 가까워지고 있다는 의미니까요

아무것도 안 하는 게 뻔한 거죠

오고가닉 관계

모든 관계는 오고 가야 해
나의 관심이 너에게 단비가 되기도 하고
너의 위로가 나에겐 따뜻한 햇살이 되거든

서로가 서로에게 흙과 물이 되어주는 관계
오염되고 유해한 우리 일상 속에서
바람 맞고 튼튼하게 자라는 유기농 같은 관계
오고가닉 선후배
오고가닉 연인
오고가닉 자매
오고가닉 친구

오는 게 있고 가는 게 있는 관계
영양가도 높아

자기 자신이 자기 자산

매월 쌓아가는 금융 자산 외에도
자신이 발견하고 설계하고 개발하는
세상에 하나밖에 없는 자산이 있어요

어학 자산
건강 자산
취미 자산
노래 자산
사랑 자산
독서 자산
여행 자산
관계 자산

남들과 다른 잠재 가치를 키우려면

길게 보고 자신에게 투자하세요

자기 자신이 자기 자산입니다

빨간 시선

빨간 색연필
쓱-쓱- 동그라미와 직선들
100점이 아니어도 괜찮아
선생님의 빠알간 격려와 응원

빨간 인주
사인은 어쩐지 좀 가벼워 보여
손으로, 도장으로 멋지게
쿨하게 진지하게 꾹꾹 눌러 찍는 빨간 맹세

빨간 떡볶이
학교 앞 김이 모락모락
빨간 우정과 덤으로 주시는 빨간 인심

빨간 고무장갑

"엄마에게도 새빨갛던 때가 있었어"

언제부턴가 바래가는 불그스레한 엄마의 고무장갑

빨간 우체통

받은 메일함, 보낸 메일함, 스팸메일함, 휴지통,

이렇게 작은 폴더들로 바뀔 줄은 상상도 못했을 거야

꾹꾹 눌러쓴 손편지 넣으며 설렜던 빨갛고 네모난 철제 폴더는

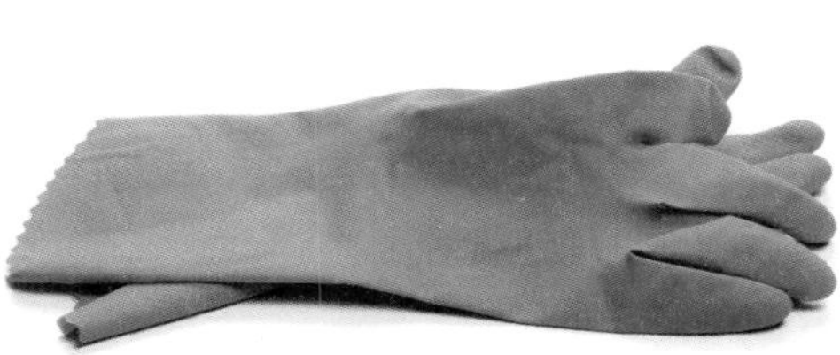

셀프 이NO베이션

세상을 바꾸고 새로운 시대를 열고

4차 산업혁명을 위한 이노베이션이 화두입니다

따라가기도 어렵고

무슨 기술인지 자세히 이해하기도 힘들어요

우리는 살아가면서 그런 거창한

혁신을 원하지 않아요

예스에 길들여진 나에게

당연하고 평범해진 일상에

작은 목소리지만

스스로에게 '노'라고 선언해보세요

세상을 바꾸는 혁신보다

나를 바꾸는 혁신이 더 위대하니까요

체력은 재력입니다

체력은 국력이라는 말 들어보셨나요? 건강한 육체가 힘 있는 나라를 만드는 의미로 해석되던 문구였어요. 저는 광고를 업으로 살아왔기 때문에 '창의력은 체력'이라고 생각해왔습니다. 그래서 주위의 지인들에게도 꾸준히 운동에 대해 얘기도 하고 강제적으로 권유도 하면서 지내왔습니다. 아이디어는 머리에서 나오지 왜 몸에서 나오겠냐고 반문할 수 있지만, 돌이켜보면 맘에 들었던 광고 아이디어들은 열심히 운동하던 시기에 나오지 않았나 싶습니다.

저는 입사 시점에 몸이 좋지 않았습니다. 건강한 몸 상태가 아니었고 이것 때문에 면접에서 떨어지지 않을까 걱정도 많이 했습니다. 무사히 입사를 한 후 인사 담당자께서 저를 부르더군요. 몸 관리를 잘하라는 친절한 입사 오리엔테이션을 받았습니다. 그래서 그 즉시 회사 앞 헬스클럽을 끊고 태어나서 처음으로 헬스를 시작했습니다. 바쁠 땐 점심시간을 이용하거나 퇴근길에도 늦게까지 근력운동을 했습니다. 운동을 시작하게 된 동기는 창의력 때문이 아닌 인사 팀장님의 따뜻한 충고가 아니었나 싶습니다.

스케줄이 빠듯할 때는 야근도 많이 했고 주말 근무도 자주 했습니다. 그런데 운동이 습관이 되어서인지 그다지 힘들지 않게 잘 버텨주었습니다. 아이디어나 카피는 머리에서 나오지만 머리는 몸의 지배를 받는 건가 싶었죠. 체력이 떨어져서 회의를 하면 가벼운 농담도 예민하게 받아들여지는 경우가 많습니다. 왜 주말 근무를 해야 하나 짜증이 나고 회의 또한 흐지부지되는 경우가 많았습니다. 반대로 컨디션이 좋을 땐 일하는 시간이 가뿐하고 콘셉트도 잘 찾아지고 자신감도 함께 상승해서 큰 스트레스 없이 잘 견뎌냈습니다.

앞서도 얘기했듯, 저의 경우 정신은 몸의 지배를 자주 받습니다. 누군가 멘탈이 약해지고 자존감이 떨어져 있으면 운동을 하라고 얘기해줍니다. 멘탈이 불안할 땐 몸을 움직여 극복하라고 합니다. 정신적으로 힘든 상황에서 책을 읽거나 명상을 하기보다는 땀을 쏟았을 때 회복이 빨랐습니다. 운동을 하면 운동 그 자체에 집중을 해야 해서 다른 잡념이 끼어들지 못합니다. 점점 컨디션 좋은 몸으로 바뀌면 자존감은 물론 꾸준함의 가치까지 경험하게 되더군요. 일석삼조입니다.

운동이라고 해서 꼭 헬스일 필요는 없습니다. 업무 외의 시간에 짬을 내서 리프레시할 수 있는 것이면 무엇이든 좋습니다. 자전거도 좋고 배드민턴, 달리기, 등산 등 퇴근 후 할 수 있는 운동은 많습니다. 요즘도 일이 잘 풀리지 않을 때, 프로젝트가 꽉 막혀 있을 때, 만사 귀찮을 때 가장 먼저 하는 일은 운동 가방을 챙기는 일입니다. 마치 전투를 치르기 위해 장비를 꾸리듯 운동복과 운동화를 챙겨 집을 나섭니다. 가급적 신나는 음악을 듣고 가급적 멋진 운동복을 입습니다. 몸짱이나 멋진 식스팩이 목적이 아닙니다. 하루 중 업무와 떨어져 자신과 대면할 수 있는 유일한 시간을 갖는 것. 이것이 제가 지금까지 광고업계에서 꾸준히 버텨온 저만의 노하우입니다.

마음에 드는 카피 한 줄은 피트니스 센터에서 묵묵히 들어 올린 덤벨 한 세트로부터 나온다고 믿습니다. 체력은 창의력이고 체력은 친화력, 체력은 리더십입니다. 자신의 몸 관리에 민감한 요즘 면역력을 높이는 중요한 시간이기도 하고 자신을 어필하는 무기가 되기도 합니다. 컴퓨터와 스마트폰은 잠시 내려놓고 몸을 움직이세요. 혹시 알아요? 훗날 체력이 재력이 될지.

호강스 보내드리세요

와인과 디럭스룸
스파와 조식
야경이 보이는 오션뷰
열심히 수고한 나에게 주는
꿀맛 같은 휴식
호캉스 패키지는 왜 이리 많을까?
숙박앱 서치하는 도중
'일만 하지 말고 좀 쉬어'
엄마에게서 문자를 받았다

나중에 크면 호강시켜 드린다고 약속했는데……
호강은 멀리 있지 않아요
호캉스가 가까이 있으니까요
엄마도 집안일만 하시지 말고 좀 쉬실 수 있게

이번 주말엔 부모님께 작은 호강을

반찬좀 가져가야지
수박도 사놨는데
잘 챙겨먹어 요즘너무덥다
일은잘 되지?
네 주말에 들를게요~~
항상 밥잘챙겨먹고 일만하지 말고
쉬면서 해

항상 밥잘챙겨먹고 일만하지 말고
쉬면서 해
주말에 꼭 와 맛난거 해줄게 ^^
이번 주말에 친구랑 약속 잡았는데
ㅠ

BLUE

3

쿨하고
개성 있는 일상

마음의 거리두기

영화 〈그랑 블루〉를 보신 적 있나요? 1988년 뤼크 베송 감독이 눈부신 바다를 배경으로 두 남자의 우정과 경쟁, 사랑을 그린 영화입니다. 집 현관을 열면 정면에 커다란 액자가 있는데, 바로 〈그랑 블루〉 영화 포스터입니다. 짙푸른 바다, 돌고래와 한 남자. 퇴근 후 문을 열 때마다 빈틈없는 하루를 보낸 지친 몸과 마음에 작은 위안을 줍니다. 매일 저녁 몇 초의 이완을 누리게 해주는 작은 바다입니다.

우린 매 순간 경쟁 속에서 살아갑니다. 경쟁이 우리를 숨 막히게도 하지만 장점도 많습니다. 마라톤 선두는 뒤따라오는 선수가 바짝 다가오면 초인적인 힘을 발휘합니다. 경쟁관계에 있는 직장의 동기가 그렇고 함께 성장해가는 또래의 친구도 마찬가지입니다. 크고 작은 경쟁에서 이겼을 때 어떠셨나요? 저는 경쟁에서 이겼을 땐 정작 덤덤했습니다. 하지만 경쟁에서 졌을 때는 늘 팀 동료들과 저녁에 모여 조촐한 회식을 했던 기억이 납니다. 왜 졌을까를 분석하기보다 패배 때문에 심리적으로 위축될까 봐 서로가 서로를 다독여주었습니다. 하지만 요즘은 이런 회식을 하지 않습니다. 각자의 방식으로 결과를 받아들이고 극복하자로 바뀐 겁니다.

혼자만의 시간이 많으신가요? 혼자만의 시간은 가깝고도 먼 시간입니다. 우리의 하루는 조금도 비어 있지 않습니다. 무언가를 하지 않는 시간조차도 핸드폰과 수많은 앱들을 보는 시간으로 빼곡합니다. 소셜 미디어 화면을 열어 타인의 콘텐츠를 확인하고 구독한 동영상을 보고 좋아요를 누르며 하루를 보냅니다. 지루할 틈이 없고 심심할 틈이 없습니다. 비어 있는 모든 시간은 문자와 이메일로 채워집니다. 혼자 있는 시간은 혼자 있는 공간을 필요로 합니다. 쉽지 않습니다. 그래도 아주 짧은 시간이라도 고독한 시간을 보내야 합니다. 자신의 희망, 불안, 불만과 마주해야 합니다.

자주 하는 경험이지만 혼자 있을 때 복잡한 생각과 얽히고설킨 감정이 조금씩 정리되었습니다. 사람들과 적당한 거리를 두고 스스로를 격리하는 시간. 창의적인 생각들은 의외로 그런 순간에 출몰합니다. 집안에 있든 공원의 벤치에 있든 카페에서 멍 때리든 스스로를 고독하게 하는 순간 말입니다.

“아무것도 하지 않을 자유, 무엇이든 할 수 있는 자유”

어느 리조트 브랜드의 슬로건을 누리기 위해 굳이 6박 7일을 돈을 내며 떠날 필요는 없습니다. 하루에 10분, 한 시간이어도 상관없습니다. 눈과 귀를 자극적인 세상에서 격리해보세요.

자신과 거리를 두는 것은 항상 어색합니다. 끊임없이 뭔가를 보고 먹고 느껴야 충만한 하루를 보낸 느낌이 드니까요. 사소한 거라도 경쟁적 관계에 있는 것을 더 자연스럽게 느낍니다. 마치 회의실을 벗어나 홀로 고민해야 할 때면 불안해지는 것처럼. 스스로에겐 더 냉정한 요구를 합니다. 놀면 안 된다, 쉬면 뒤처진다, 일할 시간도 부족한데 한가한 시간이 어디 있나 등 더 치열한 경쟁 속으로 몰아넣습니다. 일본 소프트뱅크 손정의 회장은 성실한 직원은 뽑지 않는다고 합니다. 일만 한다고 창의적인 아이디어가 떠오르는 건 아닙니다. 일을 잘하는 사람은 일과 일 외의 시간 활용을 잘하는 사람일 가능성이 높습니다.

틈만 나면 지루하고 심심한 시간을 보내세요.

"빈둥거리기는 쉬워도 휴식하기는 어렵다."

경영의 구루 피터 드러커의 말처럼 어느 누구에게도 방해받지 않는 마음의 자가 격리를 누리시길 바랍니다.

〈그랑 블루〉(1988) 포스터

어떤 당을 지지하세요?

일단 버블티 하나 들고 흑당

튼튼이 문화생활 예술의 전당

새로 개발한 맛집 식당

어릴 적 시골 앞마당

댕댕이 예쁜 짓 발라당

불꽃놀이 관람 명당

여름날 개울 속 퐁당

개강만 하면 졸려 강당

간밤에 너무 마셨나 주당

뭐니 뭐니 해도 스스로 당당

그래 나 멋지당

신들의 지름길

휴가 시즌 지름신
영어 회화 지름신
생일 선물 지름신
사랑 고백 지름신
한 턱 내기 지름신

지르다 보면 그게 지름길이 되기도 해
휴식하는 지름길
스펙 만드는 지름길
사랑받는 지름길
화기 애애 지름길

신이시여 자주 강림해주소서

익스필히언스

마우스로 구경하는 여행이 아닌

먹방 대리만족이 아닌

홈트 동영상 보며 말로만 해야지가 아닌

필히 직접 먹어보고

필히 직접 떠나보고

필히 직접 뛰어보고

필히 직접 겪어보세요

어쩌면 돈 주고도 못 사는 경험들이니까요

쓴맛도 맛보고

단맛도 맛보면

그 중간의 맛도 알게 되고

내가 좋아하는 맛도 찾게 됩니다

오늘부터 경험 부자 되세요

"들은 것은 잊어버리고

본 것은 기억하고

직접 해본 것은 이해된다"

— 그 옛날 공자님께서 공유하심

마 법은 안 통해요

뛰지 마

늦지 마

뒤처지지 마

졸지 마

빼먹지 마

놀지 마

지지 마

붙잡지 마

어려서부터 강요받은 수많은 마 법들

하지 말아야 할 게 너무 많아

이제 더 이상 하지 마

내 속도와 내 체력에 맞게 달릴 거야

일방적인 마 법은 통하지 않아

스승의 날 제자의 날

환하게 웃는 아이를 보며 나도 몰래 따라 웃었다면
그 아이는 나의 웃음 스승
포기하지 않고 완주하는 방법을 알려준 친구가 있다면
그 친구는 나의 러닝 스승
면발 탱탱하게 유지하는 동영상을 공유해줬다면
나는 구독자들의 혼밥 스승
나의 스승은 어디에나 있고
나도 언제든 누군가의 스승이 되어줄 수도 있어요

스승님과 제자님
날을 갈아주세요
스승의 날 제자의 날
날은 매일 매일 갈아야
예리하면서 날카로워져요

터미날 터미널

대합실 어딘가에서
안절부절하고 있겠네
마음은 벌써 거기 그곳에 가 있다
날
날 보러 오겠지
버스 터미날

벌써 일 년 지났네
버스가 도착하면
차장 어딘가에서 환하게 웃고 있겠지
널
널 보러 왔어
버스 터미널

18
영주방면
17
평택방면
1310

중독을 권유합니다

일과 업무에 중독된 사람을 워커홀릭이라고 합니다. 자존감이 낮아서 상대적으로 일에 몰두하는 사람과 일을 즐기는 사람 모두 중독이기는 마찬가지입니다. 일을 사랑하고 열심히 하는 것, 어쩌면 당연한 겁니다. 일정 기간 중독된 상태로 몰입하는 것도 필요하다고 생각합니다. 하지만 늘 워커홀릭은 곤란합니다. 친구와 가족과 시간은 물론 자신의 건강까지 잃을 수 있으니까요. 워라밸이라는 트렌드가 생겨난 이유기도 합니다.

일중독 대신 놀이 중독에 대해 얘기해보려 합니다. 저는 한때 스노보드 중독자였습니다. 신입 시절 일과 집 사이만 오고 가던 중, 사내 동호회에서 신입 회원을 모집한다는 걸 보고 호기심에 가입했습니다. 얼마나 자주 넘어지면 동호회 이름도 몽고반점. 게다가 스키장 근처도 못 가봤는데 스노보드라니. 일어서면 넘어지고 또 넘어졌지만 겨울 내내 줄기차게 스키장에 다녔습니다.

좋아하는 걸 넘어서면 즐거운 중독이 됩니다. 일하다가도 스키장 슬로프가 생각날 정도로 푹 빠졌던 기억이 납니다. 무언가에 빠진다는 건 반복되는 일에서 잠깐 빠져나온다는 뜻이기도 합니다.

놀이 중독은 오히려 일에 활력을 준다는 걸 알게 되었습니다. 몰입한다는 건 치열한 업무에서 잠깐 자신을 열외시키는 시간입니다. 몸과 마음을 회의실에서 빼오는 거죠.

두 번째 중독은 자전거였습니다. 매일 아침 자전거로 출근하는 사람들이 많습니다. 자전거에 빠지기 전엔 그런 트렌드가 있는 줄도 몰랐습니다. 퇴근 후 한강도 달리고 장거리도 힘겹게 다녀왔던 기억이 납니다. 모르는 분들과 어울리고 친한 사람들과 함께 달려보면서 새로운 분야에 대해 알아가는 즐거움이 많았습니다. 멀리서 바라보는 것과 직접 달려보는 건 천지 차이라는 걸 느끼게 되었습니다.

어느 자동차 광고 카피처럼 주 52시간 시대 오후 6시는 새로운 아침이 되었습니다. 아침 6시는 일을 위한 아침, 오후 6시는 나를 위한 아침. 일중독에서 해방되어 새로운 중독에 빠질 시간. 중독이라고 해서 놀이만 있는 건 아닙니다. 외국어 배우기에 빠질 수 있고, 새롭게 만난 연인에게 빠질 수도 있습니다. 자기계발이든 자아성찰이든 뭔가에 풍덩 빠져본다는 자체만으로 몸과 마음이 릴렉스해지는 걸 느끼게 됩니다.

정재승 교수가 어느 TV 프로그램에 나와 이런 말을 하더군요.

"예전에는 창의성의 근원을 몰입으로만 설명해왔다. 물론 몰입할 때도 떠오르지만 완전히 비목적적인 사고를 할 때 불현듯 아하 하는 순간들이 찾아온다. 즉, 굉장히 몰입했다가 완전히 뇌가 이완할 때. 그래서 이 두 시간들이 다 필요한 거다."

놀이 중독이라는 표현을 했지만 하루 대부분의 시간을 일을 하며 보내는 우리에겐 반드시 이완의 시간이 필요합니다. 그저 멍때리는 시간을 갖는 것도 좋고 뇌보다는 몸을 더 움직여도 좋습니다. 일의 몰입으로부터 자신을 이완시키는 시간은 점점 중요해지고 있습니다.

스노보드에서 자전거로, 자전거에서 등산으로, 저의 중독과 이완은 계속 바뀌고 있습니다. 최근엔 건강 레시피 체험에 빠져 있습니다. 자주 가는 한의원의 원장님이 권유해주신 생활 속의 다양한 건강 레시피를 체험해보고 있습니다. 좋은 올리브 오일도 검색해보고, 좋은 물도 찾아보고, 몰랐던 음식 재료도 알아가고, 직접 먹어보며 몸의 반응도 경험해봅니다. 손수 끓여낸 음식을 먹을 땐 종일 일에 지친 몸의 이완이 느껴집니다. 건강한 중독을 권유합니다. 맘에 드는 놀이 중독 혹은 이완의 시간이 하나쯤 있으면 일상이 즐거워지지 않을까요.

무엇이든 불어보세요

아는 거 있으면 다 불어
궁금한 거 있으면 다 불어
자꾸 불어야 해
시시한 변명이든 진지한 고백이든
입 밖으로 꺼내지 않으면 알 수가 없어

고마워
미안해
수고하셨어요
보고 싶다
밥 먹자
잠깐 걸을까?

한 번 불면 다 나와

모난 돌이 정 많다

너무 튀는 생각 아닌가
너무 앞서가는 거 같은데
좀 괴짜 같아
엉뚱해

돌이켜보면
삐딱한 돌 같아 보여도
미운 정 고운 정은
모난 사람들과 더 많이 쌓인 거 같아

세상이 알아주지 않아도
다수의 의견과 반대일지 몰라도
혁신은 둥글고 밋밋한 돌보다
세모 네모 모난 돌에서 나오잖아

거침없고 당돌해지자구

우리 모두 비뚤 비뚤 모나자구

모난 돌들의 세상이야

네가 애니?메이션

누구에게나 오래오래 기억되는 인생 애니메이션이 하나쯤 있습니다. 기억도 가물가물한 만화책일 수도 있고 성인이 되어서 본 3D 애니메이션일 수도 있습니다. 〈센과 치히로의 행방불명〉, 〈토이 스토리 4〉, 〈겨울왕국 2〉를 최근에 다시 보았는데 볼 때마다 느끼는 건 영화를 보는 태도가 나도 모르게 아이 모드로 바뀐다는 점입니다. 어깨에 힘도 빠지고 소파에 드러누워 플레이 버튼을 누릅니다.

"한 번 만난 건 잊지 못하는 거란다. 기억해내지 못하는 것뿐이지."

가슴에 남는 대사도 많고 웃음도 피식 나와서 잠시 어린 시절로 돌아간 느낌. 스케일이 어마어마한 블록버스터 영화와 눈물을 자극하는 멜로 영화에 익숙한 요즘, 애니메이션 한 편은 잊고 지냈던 동심을 소환해줍니다.

철이 든다는 건 뭘까요? 나이를 먹고 나잇값을 해야 한다는 말일까요? 괜히 쓸데없는 짓 하지 말고 사회가 정해놓은 규범과 룰을 지키라는 말일까요? 어떤 태도로 살아야 하고 어떤 행동을 해야 하는지 모두 '나이'가 정해주는 것 같습니다. 철이 없다는 소리를 최근에 들어본 적 있나요? 너는 나이에 안 맞게 그게 뭐니? 저런 옷 입을 나이는 아닌데…… 본인은 힙하게 스웩 넘치게 입고 행동해도 주위의 시선은 나이라는 숫자에 멈춰 있는 경우가 많습니다.

〈왕의 남자〉를 만든 이준익 감독의 좌우명은 '철들지 말자'라고 합니다. 그에게 철이 든다는 건 현재에 안주하고 익숙해진 일들에만 만족하고 앞으로 나아가지 않는 것이겠죠. 나이가 들면 변화를 싫어합니다. 지나간 시간에 머물면서 '라떼는 말이야'라는 말로 대화를 시작합니다. 관습에 얽매지 않고 변화를 시도하면 철이 없고 위험한 행동이라는 틀에 넣어버립니다. 몸은 나이를 먹어도 생각은 철들지 않아야 합니다.

오래전 미국 토이저러스 매장에 처음 들어갔을 때의 순간이 기억납니다. 엄청난 규모와 다양한 피규어와 프라모델, 레고, 공룡에 깜짝 놀랐습니다. 애니메이션으로만 봤던 캐릭터들이 독창성 있는 모형으로 펼쳐진 광경이라니. 조카들의 장난감 선물보다 오히려 제가 맘에 드는 피규어와 레고 구경하느라 시간 가는 줄 몰랐습니다. 아이나 어른이나 설레는 건 마찬가지. 그 넓은 공간에 모두 천진난만한 아이들만 있다는 착각이 들 정도였습니다. 철들지 않는다는 건 자신이 좋아하는 무언가에 이유 없이 설렌다는 것 아닐까요? 레고와 애니메이션을 보는 것도 설레지만 좋아하는 음악을 들을 때, 좋아하는 옷을 고를 때, 좋아하는 장소를 찾아갔을 때, 좋아하는 사람을 만났을 때 역시 우리는 아이처럼 설렙니다. 설렘은 나이를 먹지 않습니다. 마음속에 설렘이 있다면 철들지 않은 것이죠.

똑같은 아이디어도 누군가는 철들지 않은 시선으로 바라보고 누군가는 자신의 나이를 통해 바라봅니다. 시선이 달라지면 콘셉트도 각각 다르게 나오고 이미지도 다르게 나올 수밖에 없습니다. 저는 장난기 가득한 사람들과 회의하는 것을 좋아합니다. 회의의 대부분은 일과는 상관없는 횡설수설입니다. 아이들처럼 깔깔거리며 농담을 합니다. 종일 업무와 마주했던 머리가 잠시 운동장에서 뛰놀고 오는 거죠. 한바탕 뛰놀고 나면 업무를 바라보는 시선이 한결 가벼워집니다. 어깨에 힘도 빠집니다. 독창적인 무언가를 찾아야 한다면 자주 깔깔거리는 걸 추천합니다. 천진난만해지세요. 아이디어라는 단어를 들여다보면 아이가 있잖아요.

마음이 삽니다

여자의 마음은 갈대예요
마음이 움직여 화장품을 사고
마음이 움직여 치약을 사고
마음이 움직여 여행을 떠나고
마음이 움직여 음료를 마시고
마음이 움직여 옷을 구매해요

안심
세심
자부심
이심전심
욕심
그래서 사겠다고 결심
그러니 지갑 대신 마음에게 물어보세요

매일 불궁금 되세요

다 안다고 생각하지만
다 모를 수도 있거든

오래 알고 지낸 너에 대해서 궁금
요즘 돌아가는 것에도 궁금
얼마 버는지 궁금
얼마에 샀는지 궁금
어떻게 타는지 궁금
요즘 뜨는 노래가 궁금
우리 동네 맛집이 궁금
어떤 지도로 가는지 궁금
혼자 여행 노하우가 궁금
필라테스 자세가 궁금
발표 때 떨지 않는 방법이 궁금

모든 것을 궁금해하자

나는 궁금하면 못 참는 탐험가

매일 불궁금 되자

Wait Training

여름휴가 가기 전까지
몸 만들어야 하는데
3주 만에 안 될까?
마음은 급한데 몸이 따라줄까?

동기부여 15회 × 5세트
인내하기 15회 × 5세트
꾸준하기 15회 × 3세트

힘들어도
포기하고 싶어도
한 개 더
하루 더
한 달 더

웨이트 트레이닝은
몸을 만드는 노력이자
기다림을 배우는 트레이닝

썸네일이 내 일이다

썸네일의 뜻 아시나요? 영어로 엄지손톱을 뜻하는 Thumbnail을 검색해보니 '인터넷에서 작은 크기의 견본 이미지'로 나옵니다. 우리말 순화어는 '마중그림'입니다. 링크를 걸어둔 지점으로 이동한다는 의미라고 합니다. 유튜브 역시 '썸네일'의 중요성이 커지고 있죠. 조회수를 올리기 위한 임팩트 있는 썸네일들이 점점 많아지고 있습니다.

썸네일 뜻을 검색해보며 알게 된 마중그림이라는 순화어가 참 맛깔스럽습니다. 썸네일이란 단어는 카피라이터로 입사한 직후 처음 알게 되었습니다. 손톱만 한 게 뭐가 있지? 궁금증은 몇 차례의 회의를 하면서 풀렸습니다. 광고 업무에서 썸네일은 그야말로 내 일이고 네 일이고 우리 팀의 일입니다. 프로젝트가 시작되면 각자 직종에 맞게 아이디어를 고민합니다. 카피라이터는 카피를 써서 출력하고, 디자이너는 그림을 찾거나 펜으로 시안을 그립니다. PD는 영상 자료를 찾거나 콘티를 러프하게 그려옵니다. 이렇게 며칠에 걸쳐 각자 고민한 자료를 회의 시간에 맞춰 들어와 회의실 벽을 꽉 채워 붙입니다. 이렇게 붙여진 자료들이 바로 '썸네일'이었던 겁니다. 말 그대로 손톱 크기의 아이디어들을 정리한 자료들입니다.

각자 고민한 아이디어들로 벽이 가득 채워질 때의 뿌듯함이란. 브레인스토밍 끝에 살릴 만한 카피가 골라지고, 눈에 띄는 이미지도 뽑히게 됩니다. 이렇게 선택된 아이디어들은 마중카피가 되고, 마중그림이 되는 거죠. 아이디어를 간략하게 정리했다는 측면에서 유튜브의 썸네일과 같은 뜻이겠네요.

여하튼 최종적으로 나가는 광고의 출발은 늘 이런 작고 사소한 썸네일입니다. 회의실은 마치 하나의 경매장 같습니다. 아 이거 괜찮다는 반응이 몰리는 썸네일이 있는 반면 눈길 한번 못 받고 쓰레기통으로 직행하는 아이디어도 수두룩합니다. 저는 양으로 승부해야겠다 싶어 A4 용지 수십 장으로 도배한 적도 많습니다.

몇 장의 아이디어로 심플하게 정리하는 선배들이 늘 부러웠습니다. 양보다 질이었던 거죠.

그래서 나름 머리를 써봤습니다. 문득 떠오르는 카피나 이미지가 있으면 메모장이나 포스트잇에 옮겨놓고 시간을 두고 바라봅니다. 모니터나 파티션에 닥치는 대로 붙여놓습니다. 하루가 지나도 여전히 꽂히는 것들은 생존시키고 그렇지 않은 것들은 버렸습니다. 이렇게 반복하면서 저만의 썸네일이 점점 단단해지는 걸 알게 되었습니다. 운전도 자주 하면 할수록 늘듯, 아이디어도 자기만의 패턴으로 반복하면 어느덧 그 퀄리티가 올라가게 됩니다. 스스로도 보는 눈이 생긴다는 것이죠. 이게 핵심입니다. 나의 아이디어를 얼마나 객관적인 시선으로 바라보고 판단할 수 있는가. 문제를 해결할 수 있는 답을 가진 아이디어인가. 팀 회의를 하다 보면 자신의 아이디어를 설득하는 것뿐 아니라 다른 사람의 아이디어를 냉정하게 판단하고 좋은 아이디어는 더 업그레이드할 수 있는 안목이 필요합니다. 아이디어를 내는 것도 중요하지만 보는 것은 더 중요합니다.

프린터는 바빠야 합니다. 수많은 썸네일들이 출력을 기다리고 있어야 합니다. 말하고자 하는 내용을 주목하게 하는 힘이 있는지 써보고 또 그려봐야 합니다. 잡지에서 오려낸 짧은 글 하나, 점심 때 들은 썰렁한 개그, 맘에 드는 영상 자료의 캡처 등 형식은 상관없습니다. 차곡차곡 붙여놓은 썸네일은 즐거운 내 일이면서 뜻밖의 결과를 안겨줄 내일이 됩니다.

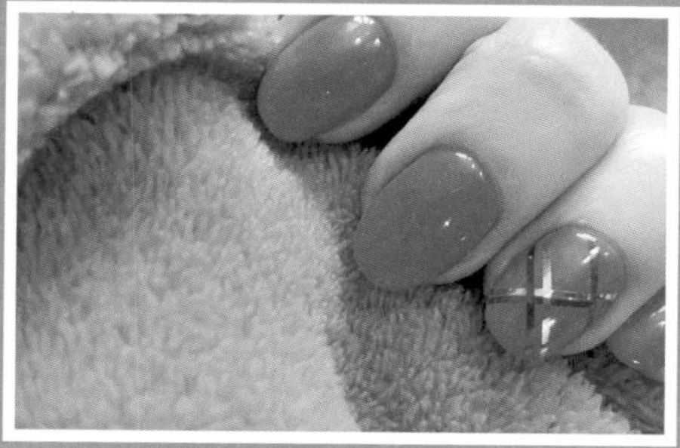

퀵도 느려요

당일 배송도 느려 로켓 배송

택배는 못 기다려 퀵 불러

LTE보다 더 빠르게 5G

언제 요리해 패스트푸드

찢어서 바로 저어 커피믹스

느릿느릿 앞차에 빵빵

짜장면 언제 와요

익기도 전에 뒤집어

닫힘 버튼 눌러 눌러

3분 라면 지루해 후루룩

우리에겐 '퀵'도 길고 느린 걸까

잠시 스톱!

슬로모션으로 잡아봐

느리게 걷기 올려다보기 기다리기

틈틈이 웃기 내려놓기 힘 빼기

QUICK은 원래 다섯 개 철자잖아

퀴이이이익

나에게 어디봐이스

영어로 어드바이스는
'경험'이란 뜻이 아닐까?

이렇게 음식을 만들어보니 맛있더라
이런 여행을 가보니 가성비 좋더라
이렇게 시험을 준비해보니 떨어지더라
이런 탈모 샴푸를 썼더니 더 빠지더라

늘 좋기만 한 경험도 없고
늘 나쁘기만 한 경험도 없어요
경험 그 자체가 어드바이스니까
마음속 멘토의 묵직한 한마디
우연히 접한 잡지의 한 구절
어느 유튜버의 동영상 한 장면

누군가의 경험과 진심 어린 충고는

나에게 좋은 방향이 되어줍니다

어디를 봐야 할지 헛갈릴 때는

남의 '경험'에 귀 기울이세요

리액션 부자 되세요

3초룰 들어보셨나요? 농구에서 공격 팀의 특정 선수가 자유투 라인 안쪽에 3초 이상 머물러 있을 때 공격권을 넘겨주는 룰입니다. 수비 팀의 경우엔 첫 번째는 경고, 두 번째는 자유투 한 개와 공격권을 다시 넘겨줘야 하는 농구의 룰입니다. 광고회사에도 3초룰이 있습니다. 누군가 아이디어를 냈는데 3초 안에 팀원들의 반응이 없으면 약간의 썰렁함을 안겨주는 야속한 회의 방식입니다.

신입 사원 시절 회의를 하면 누구나 조금 주눅이 들잖아요? 어떻게 회의를 하는지도 모르는데 자꾸 아이디어 없냐고 재촉하면 생각나는 대로 모두 뱉어내죠. 그러다 보니 경험 많은 선배들이 볼 땐 말도 안 되거나 혹은 전략 방향에 안 맞는 아이디어가 대부분입니다. 밤새워 고민해온 카피와 영상 아이디어를 조심스럽게 꺼내놓는 순간, 3초룰이 켜집니다. '이런 카피는 어떨까요?', '이런 상황에서 제품을 마시면 어떨까요?', '모델이 춤을 추면 어떨까요?' 팀장님 얼굴을 쳐다보고 팀원들 표정을 살펴봅니다. 한마디로 무

표정. 반응이 없습니다. 3초룰은 냉정합니다. 단 하나의 리액션 없이 아이디어는 쓰레기통으로 직행.

자꾸 3초룰에 걸리게 되니 회의실 들어가기가 무서웠습니다. 소위 말해서 깨지는 날이 많았습니다. 난 광고랑 안 맞나? 문학을 전공했는데 왜 카피를 못 쓸까? 꼬리를 무는 좌절과 광고에 대한 후회로 신입 사원 시절을 보내고 대리가 되었을 즈음 중요한 단서를 찾게 되었습니다. 엄숙하고 권위적이었던 회의실 분위기가 새로운 팀으로 오니 좀 더 말랑말랑, 화기애애해진 겁니다. 리액션도 그 전 팀과 달랐습니다. '너무 뻔한 거 아냐? 좀 임팩트 있는 거 없어? 카피 좀 꽂히는 거 없어?'처럼 다그치는 리액션이 아니라 '재미있네!', '그거 발전시켜봐', '카피 좋은데 좀만 더 숙성해봐'와 같이 그야말로 훈훈해졌죠.

몇 년간 회의 경험이 쌓여서 리액션 맷집도 생겼을 테지만, 회의실 분위기는 정말 중요하구나라는 생각이 들었습니다. 특히 팀장의 성향과 리더십에 따라 회의가 달라진다는 겁니다. 자유롭게 뛰어놀게 해주면 그야말로 브레인스토밍 시간이 됩니다. 시시하고 별 거 아닌 발상과 의견이 마구 뒤섞이고 업그레이드가 되면서 '야, 이거다'라는 외마디가 나옵니다. 최초의 아이디어는 언제나 날

것입니다. 다듬어지지 않은 작은 원석 같죠. 내가 주워오면 다른 사람이 다듬고 또 다른 누군가가 연마를 하고 빛을 내줍니다. 우리가 만나는 수많은 광고들은 이런 팀워크를 통해 만들어집니다.

토크쇼나 공개방송 프로그램 보시나요? 출연자가 말할 때마다 방청객들의 리액션 소리가 들려옵니다. 놀라움의 와~, 깨달음의 아~, 공감대의 네~ 그리고 적절한 타임의 박수. 짧지만 확실한 리액션을 해줍니다. 미국 유명 배우들의 대학교 졸업 연설 영상을 보신 적 있나요? 학생들은 틈만 나면 연설자에게 박수를 보냅니다. 그야말로 박수 홍수입니다. 스포츠 경기도 마찬가지입니다. 관중석에서 자유롭게 자신의 감정을 드러내고 심지어 야유도 합니다. 아무리 뛰어난 운동선수도 반응 없는 청중 앞이라면 신나지 않을 겁니다.

평소에 어떤 리액션을 하시나요? 어려서부터 우리는 권위, 상하, 진지, 엄숙, 보고, 이런 분위기에 익숙해서인지 리액션에 조금 인색합니다. 대박 아이디어는 정작 아이디어를 낸 자신은 잘 모릅니다. 일단 던져놓으면 누군가 '앗, 그거 좋다!'라는 반응으로 물꼬가 트이면서 대박이 시작되니까요. 오늘부터 3초룰은 농구장에만 있는 걸로 하시죠.

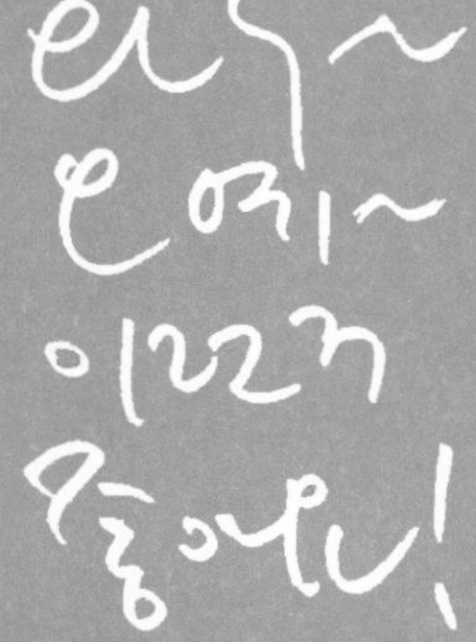
이따가

공인인증 샷

잠깐!

인증 샷 먼저

조명 좋고

앵글 좋고

세팅 좋고

연출 좋고

의상 좋고

메이크업 좋고

헤어스타일 굳

로케이션 잘 골랐네

엑스트라들 표정 좋아!

편집 좋고

나는 감독 겸 모델

찰칵 찰칵 찰칵

가까이

조금 멀리

슬로모션으로

파노라마로

나만의 라이프니까

약간의 허세도 괜찮아

인스타에

페이스북에

잘나가는 공인처럼 공인인증

샷

사랑한다면 GO BACK 하세요

바쁘게 살다 보면
마음은 늘 이리 저리 흔들려요
소중한 사람들로부터 떠나 있기 십상이죠

사랑하는 사람들의 특별한 날은
잠시 떠나 있던 내 마음이 돌아가는 날이기도 해요
고백은 '나 돌아왔어'라는
수줍지만 진심 어린 표현 아닐까요?

어버이날은 부모님에게 GO BACK 하기
화이트 데이엔 그녀에게 GO BACK 하기
생일날 그에게 GO BACK 하기
스승의 날 그분에게 GO BACK 하기
소박한 꽃다발 하나 들고 달려가기

그저 묵묵히 광고하는 인간

묵묵히.

요즘 가장 좋아하는 단어입니다. 어쩌면 최근에서야 그 깊은 뜻을 이해한 단어일지 모르겠습니다. 묵묵히 자기 일을 하는, 묵묵히 자리를 지키는, 묵묵히 때를 기다리는, 묵묵히 곁을 지키는……. 이 단어는 발음도 우직하게 들리고 사람으로 치면 순둥이 같은 느낌도 듭니다.

묵묵히라는 단어를 그렇게 묵묵히 좋아하던 중 편혜영 작가가 어느 잡지에 쓴 글을 우연히 보게 되었습니다. 제목은 '그저 묵묵히 하는 인간'이었고, 글의 대부분은 〈던월(Dawn Wall)〉이라는 다큐멘터리 영화에 대한 감상평이었습니다. 영화평은 이렇습니다.

왼손 엄지 한 마디를 잃어 암벽을 오르기에는 부적절한 신체를 가진 토미 콜드웰. 그는 미국 요세미티 국립공원의 가장 큰 화강암 바위 엘 캐피탄 수직 코스를 오르다 떨어지기를 수없이 반복합니다. 그의 도전은 감동적이지도 않고 오히려 미련스러워 보입니다. 존버라고 하죠? 그는 버티는 사람이었습니다.

"토미처럼 버티는 인간을 보면 나는 두려워진다. 수없이 실패한 끝에 뭔가를 끝내 이룰 정도로 악착같아서가 아니다. 그가 반복되는 실패에도 의미를 두지 않고 회의하지 않기 때문이다. 그저 묵묵히 하는 인간이기 때문이다."

읽는 순간 굉장히 가슴에 와닿았습니다. 영화는 몇 년 전에 본 기억이 납니다. 그때는 저 역시 암벽등반가의 뜨거운 성공담을 담은 영화구나 싶었습니다. 그런데 소설가는 이 영화평에서 '묵묵히'라는 단어를 중심에 콱 박아놓았더군요.

자신이 일하는 분야에서 자신만의 경쟁력이 있으신가요? 여러 해 동안 광고를 하면서 스스로에게 던진 질문 중 최근까지도 답을 찾지 못한 질문이었습니다. 매일 해결할 업무는 최선을 다해 하면서도 남들과 차별되는 무기는 뭘까. 아이디어가 특출했나? 얘기만 하면 다 아는 카피를 많이 썼나? 국내외 광고제에서 상도 휩쓴 크리에이터인가? 모두가 함께 일하고 싶은 동료인가? 광고 일을 수없이 해왔지만, 너만의 무기는 무엇이냐는 질문에는 늘 갸우뚱했었습니다. 아이디어도 괜찮았던 것 같고, 히트 카피도 몇 개 있었고, 상도 몇 차례 받았으니 두루 경쟁력이 있는 것 아닌가? 아니었습니다. 이 영화평을 보면서 내린 저의 결론은 '묵묵히'였습니다. 그동안 업계에서 떨어져 나가지 않고 버텨온 이유.

일을 하다 보면 업다운이 있습니다. 잘나갈 때도 있고, 결과가 안 좋아서 힘들 때도 많습니다. 일에서 홈런을 빵빵 친 적은 없지만, 안타를 치든 번트를 대든 볼에 맞든 살아서 1루로 나간다는 것은 중요했습니다. '묵묵히', '꾸준히' 내 일을 사랑하며 버텨가는 것도 가치 있는 것이라는 걸 깨닫게 되었습니다. 버티는 것엔 엄청난 노력과 강한 멘탈이 요구됩니다. 당장의 결과에 담담할 줄도 알아야 하고, 눈앞의 기쁨에도 차분할 수 있어야 합니다.

매일 똑같은 자리에서 똑같은 일을 조용히 해내는 사람들이 있습니다. 새까맣게 그을린 피부, 손가락의 굳은살, 하얘진 머리카락, 상처투성이, 닳아진 구두, 색 바랜 유니폼, 달그락거리는 화물차……. 이들은 어쩌면 진부해 보이고, 당연해 보이고, 존재감마저 없어 보입니다. 늘 똑같아서, 너무 쉬워 보여서 우린 쉽게 지나쳐버립니다. 하지만 남들이 어떻게 보든지 이들은 묵묵히 해내고 맙니다. 수많은 실패조차도 묵묵히 견딥니다. 영화평을 오려 회의실 유리벽에 붙이며 읽어봅니다.

'자신이 하는 일의 의미를 함부로 과장하지 않고 멋대로 꾸며내지 않으며 그저 하고 싶어서 한다고만 말하는 인간'

ONE is
ETTER THAN
ERFECT !!
-FACEBOOK-
그저 묵묵히 하는 인간
메모의

BLACK

4

삶은
아이디어 센터

우물쭈물 한 우물?

음악 천재가 요리도 잘해
축구 천재가 연애도 잘해
영어 천재가 당구도 잘해
암기 천재가 노래도 잘해

외길만 다니지 말고
한 우물만 파지 말고
여기도 파보고
저기도 파봐야지
어떤 우물에서 나의 미래가 뿜어 나올지
파보기 전엔 아무도 몰라

과학을 배우면서 철학을 공부하고
인문학 책을 읽으면서 만화책도 읽고

음악 전공이지만 전시회도 가보자
음식도 골고루 먹듯 경험도 두루두루

얕으면 어때?
우물 부자
관심 부자
재능 부자 되어야지

아이러브유

나에게 유튜브는
회사 적응시켜주는 유 팀장
출출할 때 유 셰프
자세 교정 유 프로
홈트 유 트레이너
면역 관리 유 닥터
촬영도 폼나게 유 감독
발표 불안 극복 유 강사
나도 투자자 유 펀드매니저
요즘 힘들어요 유 멘토
강의는 늘 졸려 유 교수

팬이에요 유 배우
담장 넘겨 유 선수
일정 관리 유 비서
밤이면 밤마다 유 게이머
무한반복 유 싱어
주말 외로울 때 유 남친
소식 전해주세요 유 앵커

비가 오나 눈이 오나
튜브 타고 둥둥
아이 러브 YOU!

욕심 안에 심 있다

연필심처럼
쓰고 또 쓰고
자주 확인하는 게
욕심이에요
간절할 때는 날카롭게
시간이 필요할 때는 둥글게
의지가 약해질 때는 진하게
욕심은 마음속에 두지 말고
꺼내서 자주 써봐야 해요
무작정 쓰고 자세히 들여다봐요
내 욕심은 이런 거였구나
어, 너무 욕심을 냈나?
상관있나요
지우고 다시 쓰면 되는데

패러독설이 키웁니다

신입 사원으로 입사한 후 어느 오후였습니다. 딱 봐도 무섭게 생긴 다른 팀 팀장이 다가와 제게 한마디 던집니다.

"넌 누구니?"

"네, 카피라이터로 들어온 아무개입니다."

"네가 무슨 카피야! 카피를 배우러 온 사람이지. 회사에서 돈 줘가며 가르쳐주잖아?"

순간 뒤통수를 한 대 맞은 기분. 내가 카피라이터가 아니라고? 분명히 실기와 면접을 통과했고 명함에도 분명히 쓰여 있잖아! 당시엔 무척 기분이 나빴고, 속으로 욕까지 했었습니다. 그런데 또 한편으로는 두고 봐라 카피로 당당히 이름을 알릴 테니까 하는 오기도 발동했습니다.

그 후 몇 년이 지난 뒤 사내에서 올해의 카피상을 받았을 때였습니다. 신입 때 네가 무슨 카피냐고 독설을 했던 팀장을 마주쳤는데, "카피 좋더라" 하며 씨익 웃어주셨습니다. 아이러니일까?

저분은 독설가인가 싶었습니다. 말 한마디 한마디가 자존심을 상하게 하는데 묘하게 동기부여를 주는 독설. 좋은 약은 입에 쓰다고 하듯, 주위를 둘러보면 쓴 말을 잘하는 분들이 종종 있습니다. 큰 계획이 있어서 쓴 말을 해주는 사람도 있고, 그냥 생각 없이 뱉어내는 사람도 있습니다. 왜 그 정도밖에 못 하냐, 겨우 그 정도 하려고 온 거냐, 그럴 거면 때려치워라 등 가슴에 못을 박는 말들. 늘 그렇진 않았지만 어떤 독설은 약이 되기도 했습니다.

미국의 골프 메이저대회 2승을 한 조니 밀러는 독설가로 유명했습니다. 그는 화려했던 선수 생활을 그만두고 골프 방송 해설자로서 중계를 시작합니다. 선수 생활의 경험에서 나오는 날카로운 해설과 가끔 매너 없게 들릴 정도의 독설을 퍼붓기도 합니다.

"골프 해설자에게는 투어 선수가 아니라 시청자가 더 중요합니다. 과거 해설자는 선수들과 친분 유지를 위해 좋은 말만 했지만, 나는 중계가 끝났을 때 시청자들이 뭔가를 배웠다고 느끼길 바랍니다."

독설가들은 직설적입니다. 그리고 예리합니다. 무시와 험담과는 다른 거죠. 내공이 깊은 한마디라면 당장 내 입에 쓰더라도 기꺼이 삼키게 만듭니다. 2019년 2월 해설자로서 은퇴를 한 그의 인터뷰.

"인생의 성공은 무엇을 성취했느냐가 아니라 무엇을 극복하였느냐다."

마치 세상의 운동선수들은 들어라 하듯 던졌던 이 뼈 있는 한 줄. 근데 그도 유난히 가족 얘기에서는 눈물을 글썽였습니다. 그 역시 우승은 성취의 대상이었고, 가족은 극복의 대상이었을 겁니다. 역시 독설은 아무나 하는 게 아니었습니다.

아이디어 회의를 할 때면 뼈 있는 대화가 자주 오고 갑니다. 너무 가볍다, 제안이 프로젝트에 맞지 않는다, 제품을 너무 모르는 아이디어다 등 자존심 구겨지는 지적질들이 빗발칩니다. 상대를 공격하고 나를 방어하기 위해 수위도 점점 높아집니다. 심지어 감정이 상해서 어색해지기도 하죠. 그렇다고 이런 독설들이 나쁜 것만은 아닙니다. 이런 비판과 리뷰를 통해 회의의 맷집이 생기고 더 설득력 있는 아이디어를 찾도록 자극을 주니까요. 그리고 자신의 현재 레벨이 어느 정도인지도 알게 됩니다. 특히 신입이거나 아직 적응이 필요한 사람을 향한 독설은 독려가 되기도 합니다.

쓴소리도 예쁘게 하는 사람이 있습니다. 공감 능력이 있다고들 합니다. 충고도 기분 좋게 해주는 것. 부드러운 카리스마가 느껴집니다. 상대방의 자존감을 살려주는 태도입니다. 혹 스스로가 독설을 즐겨 한다면 너무 단정 짓거나 무시하고 깎아내리는 말은 조심해야 합니다. 왜냐하면 듣는 사람 역시 다 알고 있기 때문입니다. 매몰찬 조언이든 따뜻한 조언이든 상대가 스스로를 담담하게 들여다보게 만들 수 있어야 합니다. "자신에 대해 냉정하지 않으면 실력은 늘지 않는다"고 말한 조니 밀러의 독설처럼.

우리 4차 가자

2차 3차는 너무 식상하다고?

좋아 4차로 모셔줄게

너의 술인지 나의 술인지

모든 경계가 사라지고

세상에 없던 융합이 탄생하는 무대

화술

기술

예술

전술

논술

마술

미술

학술

의술

술술 넘어가서

모든 것이 가능해지는 세상

우리 4차로 가자

책세권에 살아요

새소리

시냇물 소리

바람 소리

야호 소리

나무들이 숨 쉬는 소리

공기 좋고 물 좋은

숲세권 아파트가 요즘 대세라던데

이런 소리는 어때?

책장 넘기는 소리

소곤소곤 귓속말 소리

키보드 소리

펜 떨어지는 소리

배고파서 꼬르륵 소리

가방 열고 닫는 소리

소박하게 작은 도서관도 있고
중고 서점도 숨어 있는
책세권 동네에 살면 들리는 소리

영감님 어서 오세요

영어로 Inspiration
영감은 내가 원할 때 나타나주지 않아서
영감'님'으로 소중히 모셔야 한다
그분은 예고 없이 오신다

걸음마를 갓 시작한 아이로부터
떡볶이 퍼주시는 사장님의 손놀림에서
30년도 지난 할머니의 빛바랜 저고리에서
무심히 꺼내 읽은 창피한 일기 속에서

영감님들은
시도 때도 없이 출몰하셨다가 홀연히 사라지신다
모시고 싶습니다, 영감님
자주자주 나타나주세요

말하지 않으면 몰라요

저는 커피를 좋아합니다. 몸은 자명종이 깨우고 머리는 커피가 깨운다고 말할 정도로 아침 커피는 제게 중요한 루틴입니다. 모닝 커피는 주로 혼자서 마십니다. 커피를 마시면서 조용히 하루 일과를 정리해보고 중요한 일정을 메모도 합니다. 하루에 평균 두세 잔을 마시는데 두 번째 커피는 점심 식사 후 일행과 마시는 커피입니다. 식사 때 나누지 못한 얘기를 함께 공유하고 싶어서 마시는 커피입니다. 일종의 수다 2차죠.

점심 수다라고 표현했지만 퇴근 후 술자리와는 조금 다릅니다. 오후 커피 수다의 소재는 주로 업무 얘기와 요즘 업계의 트렌드 그리고 문화적 이슈들입니다. 술자리에서는 사적이고 감성적인 얘기들이 주로 오고 간다면, 커피 수다에서는 쓸모 있는 정보들이 오고 갑니다. 열심히 귀담아 듣고 열심히 말합니다.

얼마 전 친한 교수님과 디지털 마케팅에 대한 커피 수다를 한 적이 있습니다. 대략 한 시간 정도 대화를 했는데 굉장히 영양가

높은 주제였습니다. 요즘 시대의 포지셔닝, 새로운 마케팅의 흐름, 앞으로 어떻게 자신을 브랜딩할 것인지에 대한 부분까지 특강한 시간을 들은 것 같았습니다.

커피 수다라는 포맷이 회의실로 옮겨지면 회의실 브레인스토밍이 됩니다. 가벼운 농담에서부터 진지한 의사결정까지 많은 말들이 헤쳐 모여 하는 곳입니다. 앞뒤 분간 못하던 신입 때 가장 기억에 남았던 말은 바로 '좋은 아이디어는 회의실에서 나온다'였습니다. 처음엔 무슨 뜻인가 했는데 회의실을 자주 들락거리면서 알게 되었습니다. 바로 수다입니다. 사전을 찾아보니 '쓸데없이 말수가 많음'이라고 나옵니다. 저는 동의하지 않습니다. 쓸데없는 수다는 없습니다. 적어도 회의실에서는 자신의 의견을 내놓아야 하고 남의 의견에 리액션을 해야 합니다. 회의실은 말의 근육을 키우는 피트니스 센터입니다. 내성적인 사람도 자꾸 던지다 보면 말에 힘이 붙습니다. 그러면서 차츰 논리도 생기고 설득하는 기술도 배우게 됩니다. 입 밖으로 뱉어지지 않은 아이디어는 아무도 알아주지 않습니다.

많은 사람 앞에서 프레젠테이션을 해본 적이 있나요? 저는 난생처음으로 사내 프레젠테이션을 했던 기억이 나는데 너무 떨려서 처음 몇 분은 멘붕이었습니다. 무슨 말로 시작해야 할지, 시선을 어디에 둬야 할지, 목소리는 또 왜 이렇게 작은지 심사위원이 있었다면 아마 빵점을 받았을 겁니다. 발표자는 자신의 의견과 주장을 잘 전달해야 합니다. 회의를 하면 한마디 겨우 꺼내고 주로 듣기만 했던 습관 탓이었습니다. 그런 면에서 회의실은 좋은 교실이 됩니다. 회의실은 귀가 아닌 입이 일하는 곳입니다. 굳이 목소리 트레이닝까진 아니더라도 평소에 자신의 생각을 자주 꺼내서 던지세요. 긴 생각을 짧게 줄여보고 실전을 상상하며 리허설도 해보세요.

말 속에 답이 있고 길이 있습니다. 정말 어처구니없는 순간에 포착해낸 마케팅 전략, 카피와 영상 이미지가 정말 많습니다. 말들이 오고 가는 도중에 누군가는 중요한 단서를 잡아내거든요. 남이 무심히 뱉은 말 속에서 굉장한 인사이트를 집어내는 겁니다. 밥 먹다 들었던 말, 커피 들고 들어오며 나눈 대화, 주말에 놀았던 이야기 속에 보석들이 있습니다. 굉장히 사소한 말들입니다. 그러니 자주 말하고 또 말하세요. 수다는 많을수록 좋다고 생각합니다. 말하지 않아도 알고 눈빛만 보아도 아는 건 사랑하는 사이뿐입니다.

하우 올드 아 유?

몇 살이에요? 라는 뜻이지만
가끔 스스로에게는 이렇게 질문하기도 해요
'생각이 얼마나 올드해?'
나이를 먹는다는 건
생각도 함께 올드해진다는 것이기도 해요

진부한 아이디어
틀에 박힌 발상
선입견이라든가 권위적인 의견
몸은 밖으로 나와 뛰고 부딪히고
매일 탄탄해지고 탱탱해지는데
생각은 이불 속에 콕 박혀 있지 않은지

읽고 보고 느끼고 감동하며

발상의 나이도 탱탱하게 해주세요

올드는 오래된 것 아니라 무르익는다는 거니까

다 함께 '차차'

차를 시켰더니
안절부절못했던 마음의 속도가 점점 늦춰지더라고
차차 얘기해도 돼
차차 물어보면 안 될까?
차차 설명해도 되지?

정갈한 차 한 잔
마주하며 기다리고 음미하다 보면

모든 행동도
모든 대화도
차차의 속도로 느긋하게

비도 차차 그친다고 하고

내 일상도 차차 맑아지지 않을까?

커피도 좋지만

오늘은 따뜻한 얼그레이 한 잔

어때?

아이디어?!

음악을 듣다가 어!

웹툰을 보다가 어?

출근을 하다가 어!

옆자리 대화를 듣다가 어!

쇼윈도 들여다보다가 어?

잡지책 훑어보다가 어?

아이디어는 내 눈을 사로잡고

내 귀가 솔깃해지게 만드는

작고 사소한 외마디에서

싹트고 시작된다

자주 레이더를 켜고

자주 감동을 받고 자주 리액션하자

어! 어? 하다 보면

와 하는 아이디어 나오지 않을까?

자주 감동을 받고 자주 리액션하자
어! 어? 하다 보면
와 하는 아이디어 나오지 않을까?

아이디어?!

사진 좀 찍어주세요

오늘 몇 장의 사진을 찍으셨나요? 편집숍에 들렀다가 찍은 구두, 좋아하는 점심 메뉴, 오랜만에 만난 친구의 뒷모습, 다정한 커플 사진, 노력 끝에 받은 상, 길가의 꽃, 처음 찍은 가족사진, 주차장 기둥의 구획 번호, 중고 매물로 올릴 소파…… 사진 찍히는 것이 어색해서 손사래 치던 시대에서 마음에 드는 포즈를 잡을 때까지 셔터를 계속 누르는 시대가 되었습니다. 카메라 기능은 어찌 보면 스마트폰의 가장 중요한 기능 같기도 합니다.

미국의 소설가이자 예술평론가였던 수전 손택은 《사진에 관하여》라는 책에서 이렇게 말합니다.

"사진을 수집한다는 것은 세계를 수집한다는 것이다."

맛의 세계, 음악의 세계, 놀이의 세계, 사랑의 세계, 기록의 세계 등 찍어온 사진을 보면 자신이 좋아하고 관심 있는 세계가 보입니다. 세계는 넓고 찍을 일도 많습니다. 방금 찍은 사진을 며칠 뒤에 다시 꺼내보든 안 꺼내보든 그건 중요하지 않습니다. 그 순간을 내가 흘려보내지 않았다는 것이 더 안심이 되니까요.

영상을 보면 인상적인 한 컷이 기억나고 사진을 보면 찍었던 순간의 영상이 떠오른다고 합니다. 저는 광고 영상 아이디어를 찾기 위해 영상 자료도 많이 보지만 사진에서 힌트를 더 자주 얻습니다. 유명 작가가 찍은 사진부터 대충 찍어 보관한 퇴근길에 찍은 사진까지 짧은 영상을 보듯 머릿속으로 플레이가 됩니다. 사진은 마치 그림으로 쓴 메모 같습니다. 포스트잇에 급히 적어서 모니터에 붙여두듯 카메라로 낚아 사진첩에 넣어두는 것이죠. 펜은 핵심만 간추리지만, 카메라는 빠짐없이 쓸어 담습니다.

스튜디오의 모델 촬영과 웨딩 촬영 같은 잘 연출된 사진보다 무작정 눌러서 자동 저장된 일상 사진에서 우리는 특별한 스토리를 발견합니다. 극적이기 때문입니다. 잘 짜인 콘티도 없고 필요한 대사도 없고 식순도 없는 즉흥적인 순간의 컷. 각본 없는 드라마. 준비 없이 즉흥적으로 찍은 사진에서 영감이 나옵니다. 그래서 카메라에 담는 습관은 아이디어가 필요한 사람에게는 중요한 루틴입니다.

유명인의 한 컷은 큰 울림을 주기도 하고 어떤 정신을 상징하기도 합니다. 개인적으로 좋아하는 인물 사진은 전 세계 젊은 지성의 상징이었던 체 게바라의 사진입니다. 꽤 오래전 알베르토 코르다라는 쿠바 사진작가의 전시회에 갔다가 체의 사진들을 본 적이 있습니다. 덥수룩한 수염에 까만색 베레모를 쓴 '게리예로 에로이코' 사진도 좋았지만, 사람들 사이에서 천진난만하게 아이스크림을 먹는 체의 사진도 신선했습니다. 나오는 길에 사진 몇 장을 사서 책상 위에 세워두었습니다. 예쁜 여자를 찍기 위해 사진작가가 된 코르다. 그가 찍은 '게리예로 에로이코' 사진이 없었다면 제아무리 체 게바라라 할지라도 위대한 혁명가가 될 수 없었을 거라고 합니다. 이처럼 사진은 영웅을 만들기도 하고 또 누군가에게 영감이 되기도 합니다.

유년 시절과 학창 시절은 물론 잘나갔던 그때와 감추고 싶은 추억 모두 늘 몇 장의 사진 속에 박제되어 있습니다. 대학 사진반 활동을 했던 박찬욱 감독은 《라이카, 영감의 도구》라는 책에서 사진이 실제로 영화에 영향을 준다고 고백하기도 했습니다.

"매일 산책하다 보면 늘 같은 풍경인데도 늘 새롭게 찾아지는 뭔가가 있어요. 사실 난 여행을 좋아하지 않거든요. 집에 있는 걸 좋아하죠. 내 사진은 그래서 집 주변을 산책하다가 혹은 보통의 관광객들은 가지 않는 세계 곳곳을 돌아다니다가 접한 느낌과 이미지들을 찍은 거예요."

동영상이 차고 넘치는 요즘, 사진은 오히려 아날로그적입니다. 편집 영상에 음악을 넣고 자막을 앉히는 번거로움이 없는, 그래서 단순하지만 많은 이야기를 담아내는 한 컷. 사진 좀 많이 찍어주세요.

명함의 명암

어떤 명함은 핸드폰 속에 소중히
어떤 명함은 고급 명함지갑 속으로
어떤 명함은 기억이 가물
어떤 명함은 연락할 일이 없네
어떤 명함은 주소록에서 아웃
어떤 명함은 높으신 갑이시네요
어떤 명함은 내 업무와 연관이 없네

이 사람이 저 사람 같고
연결이 약한 명함들은 휴지통으로
명함을 주고받는다는 건
서로를 기억해달라는 마음의 교환
가볍게 만난 누군가도
우연한 계기로 가볍지 않은 관계가 되기도 해

그나저나 내 명함들은 어느 곳에 있으려나

물음표와 친해지세요

묻기와 대답 중 어느 쪽이 편하고 어느 쪽을 선호하시나요? 학창 시절 수업이 끝날 즈음 늘 선생님으로부터 질문을 받습니다.

"질문 있는 사람?"

잠시 정적이 흐르죠. 누군가 한 사람이라도 "질문 있습니다!" 하며 팔을 들면 모두의 시선을 온몸으로 받아야 합니다. 빨리 수업이 끝나야 하는데 왜 질문을 하나 했던 기억. 역시나 아무도 손을 들지 않습니다. 저 역시 질문을 하는데 서툴렀고 질문을 받는 것에도 익숙하지 않았습니다.

어려서부터 답을 외우는 것이 편하고 정해진 내용 안에서 시험 준비를 해야 했던 탓도 있었겠지만 질문을 한다는 것은 나만 모르나 하는 창피함 같은 감정이기도 했을 겁니다. 괜히 나서는 것도 싫고 주목받는 것도 부담스럽기도 하고요. 질문은 당연히 없을 테니까 "질문 있습니까?"는 그저 수업이 끝나거나 강의가 마무리될 때 형식적으로 던지는 영혼 없는 질문인 셈입니다.

이런 습관은 사회생활로도 쭉 이어지는 경우가 많습니다. 특히 회의를 하다 보면 유독 질문이 많은 사람이 있는 반면, 회의 내내 꿀 먹은 벙어리가 되는 사람도 많거든요.

신입 사원을 뽑는 면접을 볼 때도 예외는 아닙니다. 저는 꼭 체크해야 할 질문이 끝나면 지원자에게 오히려 질문을 하라고 합니다. 회사에 대해 궁금한 점, 광고에 대한 생각, 아이디어에 대한 관점, 카피에 대한 궁금한 것들 등 자유롭게 질문을 해보라고 합니다. 신입 사원 면접은 주로 대답하는 자리입니다. 회사 임원이나 팀장이 물어보고 지원자는 준비해온 대답을 또박또박 꺼내놓는 자리입니다. 그런데 지원자들에게 질문을 해보라고 하면 잠시 당황해합니다. 질문을 하라고? 대답만 준비해왔는데 하는 표정.

우리는 사소한 질문을 하고 또 사소한 대답 속에서 삽니다. 아이디어를 찾는 과정 또한 이런 시시하고 가벼운 질문은 매우 중요합니다. 따뜻한 커피 한 잔을 마시는 중, 버스를 기다리는 정류장에서, 주말 오후 동네 슈퍼를 가는 길에 불쑥불쑥 질문들은 생겨납니다. 어찌 보면 너무 평범한 순간들이죠. 왜 비 오는 날엔 창밖을 자주 볼까? 왜 초록색을 보면 마음이 편해지지? 왜 다들 요즘 그 노래에 꽂혔을까? 주고받는 대화가 아니어도 스스로에게 한 번씩 던져보는 겁니다. 왜 전동 킥보드는 저렇게 생겼을까, 캠핑을 꼭 산에서 해야 하나. 요즘은 셀프 인테리어가 대세구나 대신 왜 DIY에 열광하는 걸까?

왜라는 단어로 시작하다 보면 생각의 한계가 자신도 모르게 넓어집니다. 그냥 스쳐가던 것들이 내 질문 속으로 들어와 잠시 머무는 겁니다.

완벽한 정답을 찾기 위해 질문을 할 필요는 없습니다. 질문하는 과정에서 생각의 테두리가 넓혀지고 꽉 막힌 문제도 질문으로부터 풀리기도 하니까요. 광고 제작 과정에서조차도 고정관념이나 틀에 박힌 주장에 머무는 경우가 종종 있습니다. 이 경우 결과물은 십중팔구 뻔해집니다. 뜻밖의 전략과 유니크한 아이디어는 얼떨결에 던진 누군가의 질문 하나로 순식간에 나오기도 합니다.

저는 인터뷰 영상이나 인터뷰 기사를 볼 때 인터뷰이의 다양한 대답에 주목하지만 질문자의 질문들도 눈여겨봅니다. 좋은 질문이 좋은 대답을 끌어내거든요. 식상한 질문은 의외의 대답을 끌어내지 못합니다. 기억에 남는 인터뷰들은 대부분 재미있는 질문, 예상치 못한 질문들이 많았던 인터뷰였습니다. 물음표와 친해지세요. 답은 질문 속에 있습니다.

손에 땀을 쥐자

한순간도 방심할 수 없다
언제 어디서 일어날지 예측할 수 없는 스릴
숨 막히는 서스펜스
뒤통수를 치는 반전의 반전
사회생활은 늘 긴장의 끈을 놓지 못해 손에 땀을 쥐게 해

그럴 땐, 땀이 답이다
몸을 움직여 땀을 흘려야 술술 풀린다

잠시 일에서 책에서 벗어나
덤벨을 들어 올리고 발을 움직이고
가쁜 호흡을 하다 보면
마음에도 든든한 멘탈 근육이 생겨
공포와 반전에도 크게 당황하지 않아

Performance와 Performwomance

베스트 퍼포먼스

올해의 퍼포먼스

강렬한 퍼포먼스

Performance엔 man만 있으란 법이 있나

새로운 시장을 개척한 CEO의 퍼포우먼스

블록버스터 여주인공의 퍼포우먼스

섬세하면서도 강인한 퍼포우먼스

소비의 중심에 선 여성 유저의 퍼포우먼스

기업가의

정치인의

과학자의

음악가의

엄마의

GREEN

5

휴식으로
위로받는 시간

오늘은 이만 후퇴하세요

5시 5분 전

6시 5분 전

7시 5분 전

마우스를 내려놓고

의자를 집어넣는

무장해제 시간

종일 들뜬 마음도 로그아웃

시스템 종료 후 칼퇴

운동 가야지

치맥 해야지

집밥 먹어야지

맛집 가야지

공항 가야지
동호회 가야지
마트 가야지

오늘도 열심히 잘 싸웠어
모두 그만 후퇴

그날로그

시간이 지나면
모든 것은 아날로그가 되나 봐

아 이거 하면서 반가워할 때 있잖아
그때의 물건이 그리워지는 것보다
그때의 시간을 기억하고 싶은 걸지도 몰라

5년 전 액세서리
10년 전 인테리어
15년 전 게임기
철 지난 청바지와 면티
오랜만에 열어본 사진 앨범
헌 시간들과 중고 추억들

그날 뭘 했더라

그날 왜 울었을까

그날 누구랑 있었더라

아날로그를 추억하면

나도 모르게 그날로 돌아가고 있음

클래食 드세요

흥미진진한 웹툰 좋지만
천년의 경험들이 번득이는 고전 한 줄

블록버스터 영화도 보지만
때로는 고흐의 그림 한 점

뜨는 아이돌 노래도 좋지만
가끔은 쇼팽의 녹턴 한 악장

자극적인 간이 안 들어갔다고
편식하지 말고
과거와 현재 골고루 드세요
꼭꼭 음미하며 씹어보세요
나도 모르게 영혼을 키워주는 클래食도 드세요

깻잎 같은 지식

뷔페 좋아하시나요? 저는 결혼식 뷔페를 제외하고는 자주 먹지 않습니다. 너무 많은 음식에 압도되어 자꾸 식사 속도가 빨라집니다. 본전을 뽑아야 한다는 생각에 과식을 하게 되죠. 뷔페를 제대로 즐기는 노하우를 검색해 따라 해봤지만 큰 차이는 없습니다. 그동안 얻은 저만의 꿀팁이라면 좋아하는 메뉴 서너 개에 집중해서 먹는 것입니다. 이것도 사실 쉽지 않습니다. 뷔페에 들어간 이상 다양하게 배불리 즐기는 게 오히려 자연스러우니까요.

음식 얘기를 했지만 지식 뷔페가 있다면 어떻게 드시겠습니까? 음식 취향대로라면 저는 관심 있는 분야 몇 개에 집중해서 깊이 들어갔을 겁니다. 하지만 매일 다양한 제품에 대해 마케팅 제안과 광고 제안을 해야 하는 상황에선 이런 접근은 대응하기가 어려웠습니다. 물론 아이디어는 한 분야를 깊게 파면 나오기도 합니다. 하지만 바쁠 땐 시간이 빠듯합니다. 스피드를 올려야 합니다. 결과적으로 좀 더 얕고 다양한 정보와 지식이 버무려졌을 때 의외성 있는 아이디어가 더 자주 나왔습니다. 말하자면 깻잎 같은 지식입니다.

지금은 정보가 힘이고 개인의 경쟁력이 되는 세상입니다. 다양한 호기심으로 여러 분야를 넘나드는 시대입니다. 넓고 얕은 지식을 담은 서적부터 동영상, 강연 등 누구나 쉽게 정보에 접근할 수 있습니다. 혹시 자신만 아는 꿀팁이 있나요? 일과 관련되거나 취미이거나 사소한 일상 속 노하우. 자기가 경험으로 터득한 시크릿. 유튜브를 보면 '아 그게 그런 거구나' 하는 감탄이 나올 정도로 일상 속 꿀 같은 정보들이 넘쳐납니다. 잡학피디아 시대라는 걸 실감합니다. 문학, 음악, 미술, 디자인, 스포츠, 게임 등 세상의 모든 콘텐츠가 매 순간 생산되고 서로 섞이면서 불특정 다수에게 공유됩니다. 몇 번의 검색과 접근만으로도 따끈따끈한 아이디어가 여기저기서 튀어나올 것만 같습니다. 과연 그럴까요. 좋은 아이디어는 지식의 양에 비례하지 않습니다. 얼마나 많은 정보와 지식을 검색하고 습득하느냐보다 그것을 얼마나 크리에이티브하게 연결하고 가공하느냐가 더 중요합니다.

구독하는 채널과 블로그 리스트를 보면 자신의 관심 분야를 알 수 있습니다. 저는 주로 골프, 스포츠, 건강 관련 채널입니다.

스윙 자세, 홈트, 근육에 대한 이해, 건강 상식 등 여러 채널에서 얕은 지식을 얻고 있고 주위의 사람들과 공유도 합니다. 지인들과 다양한 지식을 공유하다 보니 건강 전도사 같다는 농담도 듣습니다. 관심 있는 분야는 넓고 얕더라도 남보다 조금 더 디테일해지기도 합니다. 골프 관련 광고를 꾸준히 하고 있는데 실제로 이런 채널을 통해 아이디어를 얻습니다. 어제의 정보는 내일이면 낡은 정보가 되는 세상이죠. 그래서 관심 채널을 통해 지식을 꾸준히 업데이트해야 합니다.

셀프 인테리어 관련 광고를 준비하기 위해 여러 경로로 자료를 검색한 적이 있었습니다. DIY 인구가 엄청나다는 사실에도 놀랐지만 공구에 대한 해박한 지식과 수많은 인테리어 노하우들이 공유되는 걸 보고 두 번 놀랐습니다. 갓 입문한 취미 수준부터 전문가 수준까지 한 분야의 정보에도 다양한 깊이들이 존재하고 있었습니다. 이렇듯 소비자의 정보 소비 역시 천차만별입니다.

모든 분야를 깊게 알 수는 없습니다. 얕은 지식이라 해서 절대 가볍지 않습니다. 싱싱한 아이디어는 깊고 좁은 우물보다 흔하디 흔한 얕은 시냇물에서 건져왔던 것 같습니다. 서로 다른 시냇물이 만나 새로운 물길이 되고 그 물길로 자신만의 거대한 지식의 바다를 만들어보세요.

'신' 혼여행

혼자 여행을 가면
여러 '신'들로 가득 차

눈에 보이는 모두가 신기할 '신'
가끔 집 생각나면 끓여먹는 매울 '신'
일상을 벗어나니 새로운 '신'
나 스스로가 더 믿음직한 '신'
떠나기 전부터 신날 '신'
비행기 창으로 보이는 이른 새벽 '신'

이 모든 것들을 혼자 유유히
누리고 느끼고 추억할 나만의 허니문
내가 찍고 내가 연출하는 나와의 로드무비
'신' 혼여행

나만의 자연을 보호하자

바람이 불면 기꺼이 흔들리는 나무들
비가 오면 흠뻑 젖는 풀들
자연은 자신을 가리려고 애쓰지 않아

그래서일까
꾸밈없이 있는 그대로를 받아들일 때
우리는 '자연'스럽다고 해

자연스러운 메이크업
자연스러운 코디
자연스러운 표정
자연스러운 말투
자연스러운 행동
남을 닮으려고 애쓰지 말고

남의 모습을 흉내 내려고 하지 말자

가장 나다운 모습

나만의 자연을 보호해주자

금연은 연금입니다

작년에도 금연

올해도 금연

내 몸은 잘 지내는 걸까?

뒤집어 생각해봤더니

금연은 연금이네

금연 1일 차는 연금 1일 치

금연 7일 차는 연금 7일 치

금연 2년 차는 연금 2년 치

돈을 붓는 것도 아니고

그냥 끊었을 뿐인데

끊은 날만큼 건강해지는 거라고

내가 나에게 주는

건강한 연금이라고 암시하기

꼬박꼬박 따박따박

더 나은 건강으로

더 넘치는 에너지로 돌려받기

이런 제 길

세상에 길은 너무 많아
대체 어느 길로 가야 할까

이런 제 길 어때요
유행처럼 따라가지 않는 길
부풀려서 과장하지 않는 길
남들이 알아주지 않아도
묵묵히 버텨가는 나만의 길
재능이나 능력이 좀 모자라도
끈기 있게 반복해가는 나의 길

모두 이런 제 길을 가고 있길

"어디로 가는지 모르지만

아무튼 내 길을 가고 있다"

— 영국 디자이너, 앨런 플레처

모든 기회는 귀해

절호의 기회

마지막 기회

실패할 기회

득템 기회

두 번 없을 기회

일생일대의 기회

기회는 순식간에 오고

몇 날 며칠 공들여야 오고

왔나 싶다가 사라져버린다

모든 기회는 꽉 잡되

귀한 손님 대하듯 귀하게 여기자

사랑도 기회

시간도 기회

만남도 기회

휴식도 기회

귀한 기회는 도처에 있다

아주 작은 신세계들

외출했다가 사무실에 들어오면서 클렌징폼 하나를 샀습니다. 수많은 클렌징폼 중에 유독 애용하는 제품이 있는데, 대단한 품질 차이 때문에 구입한 건 아닙니다. 오랫동안 써왔고 사용한 후의 느낌과 그 디자인의 심플함이 이유라면 이유입니다. 주목할 것은 이 작은 제품 하나에도 나만의 취향과 기호가 작용한다는 사실입니다.

우리의 일상 제품을 보면 알게 모르게 자신만의 최애 브랜드가 있습니다. 노트북은 어느 회사 제품, 쉽게 바꾸지 않는 스마트폰, 늘 마시는 커피, 같은 브랜드의 운동화, 유독 손이 가는 필기구 등 어느 제품을 사야 할까라는 고민이 필요 없는 제품들이 의외로 많습니다. 가성비, 가심비를 따져 더 꼼꼼하고 경제적인 소비를 하는 제품도 있지만, 돈을 더 내더라도 자신만의 취향을 고집하는 경우가 아마 더 많을 겁니다. 앞서 얘기한 클렌징폼 외에도 메모용 연필, 다이어리, 치약, 가글, 스킨, 로션 등 취향은 물론 사용해오는 동안 소소한 스토리를 함께 만들어온 제품들이 셀 수 없이 많습니다.

하나하나 떠올려보면 우리는 작고 사소한 제품들에 둘러싸여 살아갑니다. 언젠가 헬스용 블루투스 이어폰을 추천받고 싶어 검색해봤는데 제품 수에 놀랐고 수많은 리뷰 글에 놀랐습니다. 귀에 쏙 들어가는 앙증맞은 이어폰에 장점과 단점 그리고 세세한 경험담까지 그야말로 아주 작은 신세계였습니다. 값비싼 럭셔리 제품부터 가성비 좋은 제품까지 선택이 다양해서 자신의 취향과 감성에 맞는 선택이 가능해 보였습니다. 이어폰뿐만 아니라 매일 쓰는 마우스, 핸드폰 클리닝 티슈, 생수, 명함지갑에 이르기까지 우리의 일상은 작은 신세계들로 가득 차 있습니다.

취향과 추천 글을 종합해 최종 구매한 이어폰을 작동해봤습니다. 일부러 드보르자크의 교향곡 〈신세계〉를 플레이해봤는데, 그야말로 신세계였습니다. 음질, 디자인, 컬러, 케이스까지 모든 게 맘에 드는 작은 제품 하나가 일상의 새로운 경험을 선사해줍니다. 운동을 하면서 들으면 마치 나 혼자 콘서트 무대 앞에 있는 느낌이랄까. 저 역시 작은 것에 자극을 받고 감동을 받는 편입니다. 쓸수록 첫 감흥은 희미해질 테지만.

미술평론가 정영택 교수의 《수집미학》이라는 책을 읽은 적이 있습니다. 손톱깎이, 립밤, 핸드크림, 안경, 여행지에서 구입한 기념품과 골동품 등 일상에서 사용하는 물건에 대한 저자의 수집 철학과 구매 이유, 물건과의 교감에 대한 이야기를 쓴 책입니다. 립밤 하나에 무슨 이야기가 있겠나 했던 제 편견을 저자의 디테일한 스토리로 반전을 주었던 책입니다. 관심도 없던 작고 시시한 제품 하나하나를 가지고 긴 글을 쓸 수 있구나 하는 시도에 놀랐고, 미술평론가는 물건과 교감하는 수준이 다르구나 하며 감탄했던 기억이 납니다. 자신이 가진 물건이 쌓이면 자신이 어떤 사람인지 알 수도 있겠구나 싶었습니다.

돌이켜보면 추억은 작은 물건들만의 특권이기도 합니다. 크고 비싼 물건보다는 작은 물건들과 함께 보내고 그런 것들을 주고받으며 살아가니까요. 후배로부터 받은 핸드메이드 비누를 쓰면서 늘 그 후배를 생각하고, 여행지에서 사온 빈티지 커피 잔을 보면서 여행했던 추억을 떠올리는 걸 보면 이런 작은 물건들은 시간을 되돌려 과거로 보내주는 타임머신 같습니다. 일상의 소소한 것들에 자신의 취향을 불어넣어보세요. 자신만의 작은 신세계를 만들어 보세요.

몸에 좋은 제철 휴식

날 풀렸네, 그럼 서울숲 피크닉
가정의 달 부모님과 떠나는 주말여행 짜야지
휴가철 왔네, 산으로 갈까 바다로 갈까
울긋불긋 가을 왔네, 단풍 보러 가야지
찬바람이 불면 핫초코 마시며 스키장 가야지

파릇한 냉이도
싱싱한 수박도
뜨거운 호떡도 제철이 맛있잖아?
휴식도 제철에 맛봐야지

마음에도 좋고 몸에도 좋은
제철 휴식

와~ 소박!

여름날 거실에서 먹는 시원한 수박
첫 출근 기대 반 걱정 반 두근두근 맥박
비 오는 날 달걀 입혀 노릇노릇 애호박
잘될 거야 초조하게 기다리던 카운트다운 임박
별 헤는 밤은 아니었지만 신났던 여행 외박

우리의 일상은 와~ 대박! 보다는
어쩌면 소박하고 담담한 순간이 더 많죠

순간순간 소박들을 만끽하며 지내다 보면
기다리던 중박 대박도 나오지 않을까요?

주중은 워라밸, 주말엔 어라! 벨

월화수목금은 워라밸

출근 늦지 않기

점심 꼬박꼬박 챙겨 먹기

회의 집중하기 그리고

영화도 보기

러닝머신도 타기

수다도 떨기

고기도 구워먹기

밸런스도 경쟁력이니까

주말은 어라? 벨을 켜는 시간

어라, 베란다 화분에 새싹이 자랐네

어라, 멋진 노을이다 찰칵 찰칵

어라, 방금 이 노래 내가 한 거지?

어라, 그녀의 돌 사진이라니

어라, 더 까칠해지졌네 엄마 손

어라, 나도 모르게 '사랑해'

릴렉스한 주말엔

작은 벨 하나 만들어보기

자주 감동받고 자주 놀라워하기

따르릉 따르릉

어라! 벨!

찍먹 부먹은 누구 아이디어였을까

찍먹과 부먹 중 어느 쪽인가요? 찍먹 부먹의 대표적인 메뉴는 탕수육입니다. 탕수육을 주문하면 대부분 소스가 별도의 그릇에 담아 나옵니다. 과거엔 소스를 흠뻑 부은 채로 서빙을 했습니다. 그러던 어느 날 '왜 눅눅하게만 먹어야 하지?' 하는 손님의 불만을 관찰했을 테고, 별도의 그릇에 내줘서 취향 따라 드시게 하자는 생각을 했을 겁니다. 찍먹 또는 부먹의 새로운 트렌드를 만들어낸 것입니다.

관찰은 관심입니다. 관심이 생기면 유심히 들여다보게 됩니다. 평소에는 무심코 지나쳤던 것을 관심이 생기면 더 자주 더 깊이 보게 됩니다. 주방용 랩 광고 영상을 제작할 때의 일입니다. 랩은 어느 집에나 하나씩 있는 흔한 제품입니다. 기존 랩으로는 불가능한 완벽한 밀폐를 전달하는 것이 핵심 과제였습니다. 랩을 쓰는 소비자들을 관찰하기 시작했습니다. 랩을 빼는 모습, 씌우는 습관, 주로 래핑하는 음식 등 비슷하거나 다른 수많은 행동들을 관찰했습니다. 그래서 찾은 아이디어가 오렌지 주스를 담은 컵을 랩으로 밀폐하는 장면이었습니다. '마술일까요? 일반 랩으로는 따라하지 마세요'라는 메시지도 함께.

세계적인 건축가 존 포트먼은 디자인 영감의 원천을 어디서 얻느냐는 기자의 질문에 이렇게 답합니다.

"모든 것으로부터 얻는다. 바람, 작은 풀잎으로부터도 얻는다. 어릴 때부터 몇 시간씩 앉아서 사람들을 관찰했다. 마치 몰래 카메라처럼. 일상의 현장을 잡아내는 거다. 거기에 진실이 있다. 의자에서부터 빌딩 혹은 전체 도시에 이르기까지 이런 사소한 생활을 반영해야 좋은 작품이 나온다."

직업병인지 몰라도 사람을 만나면 늘 그 사람만의 말과 행동을 유심히 관찰하곤 합니다. 자주 쓰는 말, 자주하는 행동, 좋아하는 관심사를 보며 공감도 하고 머릿속에 담아둡니다. 평소에는 무작위로 들여다보다가 미션이 생기면 타깃을 정해놓고 봅니다. 소비자는 이 제품을 어떻게 사용하고 있나? 이런 불편이 있는데 개선은 안 되나? 어떤 즐거움을 얻고 있지? 관찰은 항상 질문과 함께 앞서거니 뒤서거니 합니다.

지하철은 여러 관찰 지역 중 한 곳입니다. 요즘 유행하는 옷은 무엇인지, 지하철 광고는 어떻게 변화하고 있는지, 지하철을 기다리면서 뭘 하는지를 조용히 관찰하곤 합니다. 스마트폰으로 웹툰을 보고, 게임을 하고, 유튜브, 드라마, 쇼핑, 인터넷 강의로 모두가 바쁜 순간이지만 그 역시 요즘을 사는 흔한 일상입니다. 에스컬레이터와 계단, 들어오고 나가는 곳 등 갑작스러운 영감은 시선이 닿은 곳 어디서나 떠오르곤 합니다.

관찰은 모든 아이디어의 시작입니다. 눈에 담는 관찰, 귀로 듣는 관찰, 오감으로 느끼는 관찰. 매일 지나치는 출퇴근길도 똑같아 보이지만 관심을 갖고 바라보면 다른 것들이 눈에 들어옵니다. 나무의 색깔, 횡단보도의 풍경, 토스트 가게의 냄새, 엘리베이터를 기다리는 시간, 점심시간의 벤치, 편의점 풍경…… 영감은 다른 시선 속에서 자랍니다.

현존하는 가장 비싼 작가이자 뿔테 안경을 낀 시대의 아이콘 데이비드 호크니는 극장에서 집으로 올 때 늘 버스의 맨 앞자리에 앉았다고 합니다. 더 많은 것을 보고 승객들을 관찰하기 위해서 연필을 갖고 다니며 다른 승객들을 그렸다고 하니 관찰은 그의 예술적 영감의 원천이었던 셈입니다. 우리는 호크니가 아니기 때문에 실례를 무릅쓸 필요는 없습니다. 잠시지만 스마트폰을 내려놓고 스쳐가는 창밖의 노을을 보며 안구를 정화해보는 것도 훌륭한 관찰입니다. 관찰 예능이 별건가요. 반복되는 나의 일상을 다른 시선으로 바라보면 됩니다.

사랑 번역기

말주변도 없고
몸짓 발짓도 어색하고
얼굴을 마주치면 자꾸 피하고 싶고
간단한 안부조차 표현 못하고

고백 울렁증이 있는 건지
국어를 영어로 옮기는 것도 아닌데
마음은 입 밖으로 나오지 못해
나도 답답 상대도 답답

간단한 사용법만 알면
마음이 번역되어 바로 전달되는 어플
어디 없을까?

책 잇 아웃

출근길 가방에 자기계발 책 한 권

사무실 책상 위에 전문 서적 한 권

여행길 백팩에 에세이 한 권

화장실 한 편에 철 지난 만화책 한 권

카페 책꽂이에 이번 달 잡지들

책을 체크해보세요

열심히 읽지 않으면 어때요

꼭 밑줄을 그을 필요도 없어요

폼 잡는 용도면 어때요

일상 어딘가에 있다는 것만으로

작은 위안과 자극이 됩니다

시간은 있는데 쉬간이 부족해

일과 공부 외의 시간
제대로 쉬고 있나

퇴근 후 소파에서
식사 후 산책하면서
데이트 도중에도
잠들기 전 침대에서
쉬고 있다고 생각하지만 눈과 손은 쉴 새가 없지

쉬~

스마트폰도 나도
온전히 쉬는 시간이 필요해
쉴 때는 쉬는 것에만 집중하기

모든 일상은 애들벤처입니다

똑같은 하루를 반복하다 보면
시선도 나이를 먹고
발상도 나이를 먹어요
어느샌가 그 앞에 아재라는 수식어가 붙어요

생각의 주름도 하나 둘 늘어가고
아이디어 탄력도 하루하루 떨어져요
천진난만 아이들의 눈으로
호기심 가득 찬 아이들의 촉으로
창의력 안티에이징하세요
하루하루 스릴 넘치는 아이디어 어드벤처

파블로 피카소처럼요

"내가 라파엘로처럼 그림을 그리기까지는 4년이
걸렸지만
어린아이처럼 그리는 데는 평생이 걸렸다.
모든 어린이는 예술가다"

1인용 행복

흔하디흔한 물은 셀프입니다
밥도
책도
술도
옷도
노래도
영화도
여행도
모두 셀프 시대

남의 눈치도 필요 없고
2인 3인용 자리도 필요 없잖아
하늘은 스스로 돕는 자를 돕는다고 했지
스스로 노력해서 즐거워지고

스스로 노력해서 짜릿해져야 해

1인용 행복

1인용 라이프

반에 반하다

딱히 스케줄도 없고

특별한 약속도 없는 날

반바지 반팔 입은 김에

모든 걸 반으로 줄여봤지

각오도 반

업무도 반

공부도 반

치킨도 반

스트레스도 반(일까)

커피도 반

케이크도 반

근데 하프가 어색한 걸 보면

일상의 모든 기대치가

한가득에 맞춰져서일 거야

우리가 무언가에 반할 땐

전체의 반도 모르는 때잖아

책을 관람하다

책 읽기 좋아하시나요?

일주일에 한 권? 혹은 한 달에 한 권? 책을 많이 사는데 사놓고 읽지 않는 사람부터 한 번에 여러 권을 동시에 읽는 사람까지 백인백색입니다. 저는 동시에 여러 권을 읽는 편인데, 완전히 다른 장르의 책들을 사무실과 집안 거실, 화장실에 놓아둡니다. 화장실에서는 짧게 읽어도 좋을 에세이, 거실에서는 장시간 소파에서 읽기 좋은 소설, 사무실에선 자투리 시간에 읽기 좋은 마케팅 관련 전문 서적을 놓아둡니다. 동시다독은 장점도 있습니다. 반면 흐름이 뒤섞이는 단점도 있지만, 융합의 시대 아닌가요. 비빔밥처럼 섞고 비벼서 읽는 게 편해졌습니다.

과거 카피라이터를 지원했더니 어느 선배가 이런 조언을 해주더군요.

"다문 다독 다상량 해라."

많이 읽고 많이 쓰고 많이 생각하라는 뜻으로 중국의 구양수가 글을 잘 쓰는 비결로서 이른 말입니다. 처음엔 카피만 잘 쓰면 되지 작가도 아닌데 그렇게까지 해야 하나 싶었죠. 억지로 서점에 가보지만 좋아하는 책만 잠깐 훑어보는 게 전부였습니다. 겉핥기 수준의 수동적인 독서. 어려서부터 책 읽기를 좋아하지 않아서인지 마치 숙제 같은 기분이었습니다.

독일의 철학자 쇼펜하우어는 "좋은 책을 사는 것은 그것을 읽기 위한 시간도 같이 사는 것이다"라고 했다는군요. 서점은 시간을 사는 곳이라고? 그럴 수도 있겠네요. 수많은 날들을 고민해서 글로 쏟아낸 작가의 시간을 압축된 한 권으로 만나는 곳이니까. 작가의 시간을 사는 곳. 여하튼 독자에게 시간은 책 읽기의 가장 좋은 핑계이면서 반대로 가장 중요한 투자인 것 같습니다. 일하기도 바쁜데 책 읽을 시간이 어디 있어! 바로 제 얘기였으니까요.

카피라이팅 업무는 생각을 글로 표현해내야 하는 직업이라 '많이 읽고'는 가장 기본이면서 가장 어려운 부분입니다. 바쁜 업무에 쫓기다 보면 사놓은 책들은 관심 밖이 됩니다. 먼지와 서점 포인트만 쌓여가죠. 그래서 생각한 나름의 아이디어가 동시다독입니다. 한 권을 처음부터 끝까지 읽기보다 조금씩이라도 여러 장소에서 다양한 책을 읽는 겁니다. 하루 한 페이지든 몇 줄이든 읽고 넘어가면 그만입니다. 마음에 남거나 밑줄 칠 만한 문장이 없어도

별마당도서관
주의

그렇게 매일 진도를 나갔더니 어느새 동시종료가 되어 있습니다.

책을 읽다 보면 맘에 드는 문장이나 의외성 있는 표현을 만나게 됩니다. 그럴 땐 별도의 표시를 합니다. 상단의 귀퉁이를 접어둔다거나 포스트잇을 붙여놓거나 더 구체적으로 펜으로 밑줄을 그어놓습니다. 어떤 식으로든 나중에 다시 읽어보기 위한 자신만의 장치입니다. 어떤 사람은 그 순간의 느낌도 글 옆에 적어놓기도 합니다. 한동안 밑줄 친 글들을 별도의 노트북 파일에 옮겨놓기도 했지만, 앞뒤의 문장들과 함께 읽어보는 게 좋아서 지금은 하지 않습니다. 다독을 통해 얻은 한 줄의 문장은 다작의 좋은 밑바탕이 됩니다. 국거리가 있어야 찌개를 끓이듯 밑줄과 포스트잇으로 건져낸 문장들은 카피라이팅의 훌륭한 레시피가 되어주었습니다.

저는 좋은 책은 한 권의 영화라고 생각합니다. 작가의 상상력에 의해 잘 연출되고 편집된 한 권의 영화. 영화를 본 후 감동적인 대사와 장면이 기억나듯 첫 페이지는 첫 장면이 되고, 끝 페이지는 영화의 엔딩 크레디트가 됩니다. 긴 여운을 주는 책. 인생 영화는 여러 번 봐도 질리지 않듯 인생 책도 보고 또 볼수록 매번 감동을 줍니다. 사회적 거리두기로 극장이 애매하다면 이번 주말엔 책을 가까이 해보세요. 새로운 작품들이 매주 개봉되고 있습니다.

이동진 영화평론가의 《밤은 책이다》(위즈덤하우스, 2011)에서 발견한 밑줄 하나를 소개하며 글을 마칩니다.

"역기가 정점에 머무는 순간은 기껏해야 이 초도 안 돼요. 그 다음은 그냥 바닥에 툭 던져놓는 거예요. 그런데 그 짧은 순간에요. 그 사람이 정말 얼마나 훌륭해 보이는지 몰라요. 그걸 들어 올리는 데 성공해서가 아니라 한계점 근처에 서 있었다는 것 때문에요. 진짜로 위대해지는 지점은 한계선을 넘어선 이후가 아니라 그 한계선 근처에서 부들부들 떨고 있을 때거든요. 사실은 거기가 더 높은 지점인 거죠. 저 위쪽 어딘가 한계를 넘어선 존재들이 유유히 떠다니는 곳보다 더."

혹시 요즘 떨고 계시나요? 저 또한 한계선 근처에서 부들부들 떨고 있습니다. 제가 위대한 지점에 있는지는 모르겠지만, 보이지 않는 것을 보는 저만의 관점은 한계선 근처를 버티게 해준 단단한 하체가 아니었을까 추측해봅니다. 광고인으로서 그리고 생활인으로서……. 자신만의 관점을 갖는다는 건 자신을 지탱해줄 버팀목을 하나 갖는 것과 같습니다.

마중물이라는 단어가 있습니다. 펌프질할 때 물이 콸콸 나오도록 미리 붓는 한 바가지의 물. 우리의 일상을 조금 더 유쾌하고 따뜻하게 바라보는 것, 뒤집어보는 것, 특별하게 공감하는 것 모두가 한 바가지의 아이디어 마중물입니다. 익숙한 시선에 한 바가지, 메마른 감성에 한 바가지, 바닥난 체력에도 한 바가지, 티격태격 관계에도 한 바가지. 좋은 아이디어는 평소에 얼마나 마중물을 많이 붓느냐에 달려 있습니다.

아이디어 마중물을 자주 부으세요.
부들부들 떠는 자신만의 위대한 지점에 이를 때까지.

북큐레이션 • 원하는 곳에서 꿈꾸고, 가슴 뛰는 삶을 살고픈 이들을 위한 책

《보이지 않는 것을 보는 힘》과 함께 읽으면 좋은 책. 진정한 나다움을 발견하고 인생을 멋지게 살기 원하는 당신을 응원합니다.

아주 작은 도전의 힘

라수진 지음 | 13,800원

지금 당장 무엇에든 도전하려는 사람들을 위한 도전 안내서

15년간 영어 학원에서 수만 명을 가르치며 동기부여 멘토 '라쌤'으로 인기 높은 저자가 매일매일 도전하는 삶으로 행복과 만족감을 느낄 수 있는 방법을 제안한다. 저자의 도전은 공부나 자격증 따기 같은 고전적인 것에서부터 익숙한 환경을 떠나 낯선 세상에 부딪치기, 한 달간 마음껏 놀기, 잘할 수 있는 일보다 좋아하는 일에 매진하기, 재테크와 부동산 공부로 돈과 친해지기, 몸 만들어 보디 프로필 사진 찍기, 감사일기와 관찰일기 쓰기 등 '나'라는 상품의 안과 밖을 모두 리뉴얼할 수 있는 영역까지 폭넓다. 도전하고 싶지만 용기가 없거나 방법을 몰라 고민인 사람들에게 이 책은 작지만 강력한 동기를 안겨줄 것이다.

미라클 액션

하재준 지음 | 15,000원

"행동이 없으면 오늘과 내일은 같은 날이다!" 망설이는 당신을 행동파로 만드는 행동력 훈련

스무 살에 분양사무소에서 영업을 시작해 37세인 지금 10여 개의 법인회사와 개인 사업체의 대표가 된 저자는 17년간 치열한 사업의 현장에서 살아남은 무기로 '남다른 행동력'을 꼽는다. 저자는 아침 알람 소리 한 번에 자리를 털고 일어나고, 발품을 한 번 더 팔고, '안 된다는 생각'은 없음을 다짐하고, 경험은 돈을 주고도 사며, 상대의 말은 끝까지 경청하는 등 사소한 행동 한 가지부터 행동하고 실천하라고 조언한다. 생각하느라 시간을 다 쓰는 사람들, 주저하는 데 많은 공을 들이는 사람들에게 매우 긍정적인 동기부여가 되는 책이다.